鎌倉

あなただけの
プレミアムな
おとな旅へ！
ようこそ！

KAMAKURA
鎌倉への旅

寺社の甍と海風に揺られ
花と文化が華やかに咲く

鶴岡八幡宮を中心に据えて、武士の時代と鎌倉は育った。明治以降この地は鎌倉文士と呼ばれる文豪たちを呼び寄せ、より豊饒な文化を醸成する。山々に抱かれた神社仏閣を季節の花がカラフルに覆い、江の島の奥に富士山を望む。切通しを抜け住宅街を通り、一歩踏み出せば湘南の海。打ち寄せる波のように静かでゆるやかな時間に身を任せ、時代を超えてなお賑やかな鎌倉散策にわくわくしたい。

SIGHTSEEING

静寂のなかに葉音がざわめく境内の奥の「竹の庭」

報国寺　→P.66

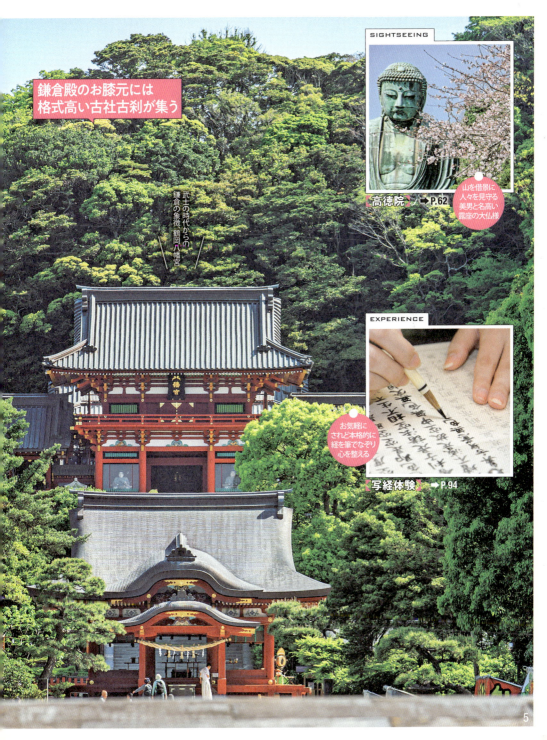

鎌倉殿のお膝元には
格式高い古社古刹が集う

武士の時代からの鎌倉の象徴、鶴岡八幡宮

SIGHTSEEING

高徳院　→P.62

山を借景に人々を見守る美男と名高い露座の大仏様

EXPERIENCE

写経体験　→P.94

お気軽にされど本格的に経を筆でなぞり心を整える

桜にアジサイ、萩に梅
街じゅうが百花繚乱

鎌倉に花があふれる時期 多くの観光客で賑わう

CAFETERIA

平家池を見ながら一服。鶴岡八幡宮内の「喫茶 風の杜」

鎌倉文華館 鶴岡ミュージアム
➡ P.32

GOURMET

海を望み洗練された鎌倉食材の料理に舌鼓

レストラン ル・トリアノン ➡ P.77

湘南の海岸沿いで
プチリゾート気分

SIGHTSEEING

春夏秋冬 厳かな古刹を 華やかに彩る 季節の花々

【長谷寺】 ➡ P.63

きらめく海に挟い路地 鎌倉を縫うように走る江ノ電

文豪も愛した風景を 気ままにおさんぽ

SWEETS

懐かしくて 新しい 創作上生菓子を ご賞味あれ

【茶寮てまり】 ➡ P.133

SWEETS

手みやげに もはや定番 「クルミッ子」の 人気カフェ

【Salon de Kurumicco】 ➡ P.43

CONTENTS

鎌倉全図	2

鎌倉への旅
寺社の甍と海風に揺られ
花と文化が華やかに咲く ……………… 4
鎌倉はこんな街です ……………… 12
鎌倉の街を移動する ……………… 14
鎌倉トラベルカレンダー ……………… 16

プレミアム滞在モデルプラン
鎌倉 おとなの1泊2日 ……………… 18

ニュース&トピックス …… 32

特集

鎌倉・四季 ……………… 22
桜舞う春景色 ……………… 22
初夏の華やぎ ……………… 26
錦秋の輝き ……………… 28
早春の訪れ ……………… 30

歩く・観る

鎌倉駅・若宮大路周辺	34
鶴岡八幡宮	34
賑わう街角と名刹を巡る	38
活気あふれる小町通りと若宮大路へ	40

北鎌倉	44
円覚寺	44
建長寺	48
山々に包まれた北鎌倉を歩く	52
街を見渡す大平山を巡る	54

扇ガ谷・源氏山公園周辺	56
銭洗弁財天 宇賀福神社	56
進化し続ける御成通り&今小路	57
山里を歩いて鎌倉の歴史を知る	58
源氏山を越え長谷の大仏を目指す	60

長谷・由比ヶ浜	62
高徳院	62
長谷寺	63
切通しを抜け大仏に会いに行く	64

二階堂・金沢街道周辺　66
- 報国寺　66
- 浄妙寺　67
- 山あいにたたずむ神社仏閣へ　68

大町・材木座　70
- 光明寺　70
- 妙本寺　71
- 海辺に近い素朴な街を歩く　72

稲村ヶ崎・七里ヶ浜　74
- 稲村ヶ崎　74
- 腰越周辺の古刹をめぐる　75
  - 相模湾を望む贅沢な食卓　76

江の島・片瀬海岸　78
- 江の島　78
- 江の島の絶景を求めて　80
  - 美味なる海の幸を　82
  - くつろぎのカフェ　83
- 江ノ電の小さな旅　84

歴史　鎌倉武士の繁栄と滅亡の悲劇　86

美と出会う

文化体験　92
寺院で体験する坐禅と写経
- 坐禅　92
- 写経　94

手作り工芸体験
- 鎌倉彫　96
- 陶芸　97

美術館・博物館　98
- 傑作たちを訪ねる　98
- 仏像の世界　100
- 小さな美術館へ　102

建築　104
- レトロ建築　104

文学　106
- 鎌倉文士たち　106
- ミュージアムで知る鎌倉文士　107
- 文豪の足跡をたどる　108
  - 鎌倉文士が愛した店と味　110

映画　112
- 小津映画と鎌倉　112

食べる

鎌倉ごはん
華やぎのある和の美食 ………… 114
とっておきの寿司 ………… 116
そばの名店 ………… 117
海辺の街の美味しい魚料理 ………… 118
鎌倉野菜を使った逸品 ………… 120
古民家に美食のとき ………… 122
邸宅フレンチ 古我邸 ………… 124
鎌倉山の名店 ………… 125
すがすがしい鎌倉朝ごはん ………… 126
精進料理を体験 ………… 128
テイクアウト&デリ ………… 129

カフェ&スイーツ
こだわりカフェ空間へ ………… 130
古都の甘味処 ………… 132
愛しのベーカリー ………… 134

買う
マーケットでお買い物 ………… 136
アンティークのある暮らし ………… 139
こだわり味みやげ ………… 140
かわいい雑貨に出会う ………… 142
とっておきの民芸・工芸品 ………… 144
鎌倉彫に心を寄せる ………… 145
古都の人気スイーツたち ………… 146
老舗の和菓子 ………… 148
豊島屋のものがたり ………… 150

鎌倉へのアクセス ………… 152
鎌倉の交通 ………… 154
鎌倉周辺鉄道路線図 ………… 156
INDEX ………… 158

付録地図
鎌倉 ………… 2
北鎌倉 ………… 4
扇ガ谷・源氏山公園周辺 ………… 6
鎌倉駅・若宮大路周辺 ………… 8
二階堂・金沢街道周辺 ………… 10
長谷・由比ヶ浜 ………… 12
大町・材木座 ………… 14
江の島・片瀬海岸 ………… 16
稲村ヶ崎・七里ヶ浜 ………… 18

本書のご利用にあたって

● 本書中のデータは2021年2〜3月現在のものです。料金、営業時間、休業日、メニューや商品の内容などが、諸事情により変更される場合がありますので、事前にご確認ください。

● 本書に紹介したショップ、レストランなどとの個人的なトラブルに関しましては、当社では一切の責任を負いかねますので、あらかじめご了承ください。

● 営業時間、開館時間は実際に利用できる時間を示しています。ラストオーダー(LO)や最終入館の時間が決められている場合は別途表示してあります。

● 休業日に関しては、基本的に定休日のみを記載しており、特に記載のない場合でも年末年始、ゴールデンウィーク、夏季、旧盆、保安点検日などに休業することがあります。

● 料金は消費税込みの料金を示していますが、変更する場合がありますのでご注意ください。また、入館料などについて特記のない場合は大人料金を示しています。

● レストランの予算は利用の際の目安の料金としてご利用ください。Bが朝食、Lがランチ、Dがディナーを示しています。

● 宿泊料金に関しては、「1泊2食付」「1泊朝食付」「素泊まり」は特記のない場合1室2名で宿泊したときの1名分の料金です。曜日や季節によって異なることがありますので、ご注意ください。

● 交通表記における所要時間、最寄り駅からの所要時間は目安としてご利用ください。

● 駐車場は当該施設の専用駐車場の有無を表示しています。

● 掲載写真は取材時のもので、料理、商品などのなかにはすでに取り扱っていない場合があります。

● 予約については「要予約」(必ず予約が必要)、「望ましい」(予約をしたほうがよい)、「可」(予約ができる)、「不可」(予約ができない)と表記していますが、曜日や時間帯によって異なる場合がありますので直接ご確認ください。

● 掲載している資料および史料は、許可なく複製することを禁じます。

■ データの見方

- ☎ 電話番号
- 所在地
- 開館／開園／開門時間
- 営業時間
- 定休日
- 料金
- アクセス
- P 駐車場
- 宿泊施設の客室数
- in チェックインの時間
- out チェックアウトの時間

■ 地図のマーク

- ★ 観光・見どころ
- 卍 寺院
- 神社
- 教会
- R 飲食店
- C カフェ・甘味処
- S ショップ
- SC ショッピングセンター
- H 宿泊施設
- i 観光案内所
- ♨ 温泉
- バス停

旅のきほん 1

エリアと観光のポイント
鎌倉はこんな街です

海と山に囲まれた風光明媚な地には
歴史、文化、自然など多くの魅力が詰まっている。

大仏が静かに見守る文人の愛した地
長谷・由比ヶ浜 ➡ P.62
はせ・ゆいがはま

鎌倉の象徴として親しまれる大仏が鎮座する高徳院や花の寺・光則寺など名刹が多いエリア。長谷周辺は別荘地として多くの文士が居を構えていた。

▶ 長谷に店を構える老舗の饅頭店、力餅家

観光のポイント 光則寺、長谷寺など四季折々の美しい花が咲き誇る寺を巡る。明治～昭和初期の洋風の別荘跡も点在

喧騒を逃れ、鎌倉武士に思いを馳せる
扇ガ谷・源氏山公園周辺 ➡ P.56
おうぎがやつ・げんじやまこうえんしゅうへん

鎌倉駅の西側に位置する閑静なエリア。かつての古道、今小路沿いには古刹と個性的な雑貨店やカフェが点在しており、ゆったり散策を楽しめる。

▶ トンネルの先に銭洗弁財天宇賀福神社がある

観光のポイント 山の合間に家々が建つ特徴的な風景。新田義貞の鎌倉攻めの激戦地・化粧坂切通しを抜け源氏山公園へ

潮風に吹かれ、海辺でくつろぐ
稲村ヶ崎・七里ヶ浜 ➡ P.74
いなむらがさき・しちりがはま

美しい海が一面に広がるエリア。江ノ電が海沿いをのどかに走る。ハイセンスなカフェやレストランも多い。

▶ 稲村ヶ崎の夕景

観光のポイント 江の島や富士山を望む稲村ヶ崎からの夕景が素敵

湘南を代表する活気ある観光地
江の島・片瀬海岸 ➡ P.78
えのしま・かたせかいがん

古くから江島神社に多くの参拝客が訪れ、今も大勢の人で賑わう。片瀬西浜の新江ノ島水族館も人気のスポットだ。

▶ 江の島ではイベントも盛ん

観光のポイント 江の島シーキャンドルから湘南の大パノラマを眺める

鎌倉の歴史を刻む寺院を訪ね、鎌倉街道を歩く
北鎌倉 ➡ P.44
きたかまくら

かつて禅宗を保護した執権・北条氏の領地だった地。広大な境内に大伽藍を擁する円覚寺や国内最古の禅寺・建長寺など格式高い寺院が多く、古都の風情が漂う。

観光のポイント 個性的な美術館もあり、芸術鑑賞が楽しめる

↑円覚寺舎利殿

↑北鎌倉の寺院はどこも個性豊かだ

素朴な風景に心安らぐ
二階堂・金沢街道周辺 ➡ P.66
にかいどう・かなざわかいどうしゅうへん

苔むした石段が美しい鎌倉最古の寺院・杉本寺や竹の寺として親しまれる報国寺など、見どころが多いエリア。

観光のポイント 数ヵ所の寺院では、名庭を眺めながら、お茶を堪能できる

↑報国寺の竹林

日蓮の思いが根付く懐かしい街
大町・材木座 ➡ P.70
おおまち・ざいもくざ

日常の風景のなか、日蓮ゆかりの寺院が点在する。材木座海岸はウインドサーフィンのメッカとして賑わう。

観光のポイント 個性的な雑貨店や地元に愛される店など買い物も楽しめる

↑光明寺の山門

武家政治始まりの地で歴史をたどる
鎌倉駅・若宮大路周辺 ➡ P.34
かまくらえき・わかみやおおじしゅうへん

日本三大八幡宮のひとつでもある鶴岡八幡宮を中心に歴史舞台となった史跡が集まる。駅前から延びる小町通りには鎌倉の老舗や食事処、人気店が軒を連ね、賑わう。

観光のポイント 鎌倉駅東西の小町通り、若宮大路、御成町周辺は多くの店が密集する。新しくできた話題の店も多い

↑多くの参拝客で賑わう鶴岡八幡宮

ここが鎌倉観光の拠点

旅のきほん 2

鎌倉の移動は徒歩が中心、公共交通機関も活用して
鎌倉の街を移動する

エリア内の見どころはほとんどが徒歩でOKだ。複数のエリアをまわるときには、JR横須賀線や江ノ電、路線バスを使えば行動範囲はぐっと広がる。

鎌倉市内中心部の散策は、鎌倉駅、北鎌倉駅、江ノ電・長谷駅を起点に考えるとわかりやすい。金沢街道沿いや材木座方面は、やや距離があるので鎌倉駅から路線バスを利用すると楽だ。稲村ヶ崎～江の島にかけては、江ノ電を利用すると便利。江の島へは、大船から湘南モノレールや藤沢から小田急江ノ島線も利用できる。桜やアジサイのシーズン、そのほかも連休はたいへん混み合う日があるので、市内の渋滞には注意したい。

レトロなバスりんどう号で金沢街道を行く

京急バスが運行するレトロな赤い車体のバスが「りんどう号」。鎌倉駅から浄妙寺をはじめ歴史ある寺社が多数存在する金沢街道を通り、金沢八景を結ぶ。鎌倉駅～浄明寺の区間では、公共交通機関が乗り放題となる鎌倉フリー環境手形も利用できる。

☎0467-23-2553（京急バス 鎌倉営業所）
運午前2便、午後2便の1日4便 料鎌倉駅～金沢八景300円など通常の路線バスに準ずる、鎌倉フリー環境手形についてはP.153参照

↑鎌倉駅東口にバス乗り場、タクシー乗り場、観光案内所がある。江ノ電の乗り場は西口側にある

江の島方面　アクセス図

片瀬江ノ島駅 → 江島神社
徒歩●約17分

稲村ヶ崎 → 小動神社
徒歩●約40分

長谷駅 → 高徳院
徒歩●約7分

長谷駅 → 長谷寺
徒歩●約5分

鎌倉の交通情報 ➡P.154

旅のきほん 3

祭りや伝統行事を楽しむ。鎌倉の四季を感じる旅
鎌倉トラベルカレンダー

寺社仏閣が多い鎌倉では、一年を通してさまざまな伝統行事が開かれ、鎌倉の歴史と伝統にふれる貴重な体験ができる。夏の風物詩、花火大会も見逃せない。

	1月	2月	3月	4月	5月	6月
概要	初詣に訪れる人で賑わう。催しに参加して鎌倉の風習を体験したい。	各地の寺社で節分の豆まきが行われる。梅の花が見頃を迎える。	暖かくなって過ごしやすくなる。桜が古都に彩りを添え始める。	鎌倉最大の祭りが開催。流鏑馬など鎌倉の伝統芸能を肌で感じたい。	新緑が鮮やかなGWシーズン。歴史ある祭りや神事が多く行われる。	梅雨に入り雨の日が少し増え、蒸し暑い気候に。アジサイが見頃。
月平均気温(℃)	6.1	6.7	9.6	14.3	18.3	21.5
月平均降水量(mm)	66.4	57.7	139.2	133.5	157.4	165.6

一年で最も寒く、空気が乾燥している。雪はめったに降らない

日中は15℃前後で過ごしやすい。気持ちよく街歩きができる時期

※辻堂（藤沢市）の月平均気温（℃）／月平均降水量（mm）

行事

1月
- **5日 除魔神事：鶴岡八幡宮** 武士の事始めを起源とする神事。
- **10日 鎌倉えびす（本えびす）：本覚寺** えびす神の祭り。縁起物の福笹を求める参拝客で賑わう。
- **25日 初天神祭（筆供養）：荏柄天神社** 古筆や鉛筆を供養し書道や学問の上達を祈る。

2月
- **3日 節分祭：各所** 立春となる節目に豆を撒いて邪気を祓い、無病息災を願う。
- **8日 針供養：荏柄天神社** 使い古した針を豆腐に刺し、日頃の針の労をねぎらう。

3月
- **春分の日 祖霊社春季例祭：鶴岡八幡宮** 氏子崇敬者の祖霊を祀る社の例祭。春・秋分の日に斎行。

4月
- **第2～3日曜 鎌倉まつり** パレード、静の舞、流鏑馬などが催される鎌倉最大の祭り。
- **第3土曜 義経まつり：満福寺** 源義経を偲ぶ祭り。慰霊法要のあと、パレードが行われる。
- **第3日曜 流鏑馬（鎌倉まつり）：鶴岡八幡宮** 馬で疾走しながら3つの的を射る武田流流鏑馬を奉納する。

5月
- **5日 草鹿神事：鎌倉宮** 鹿の形をした的に矢を射て、2組の射手が腕を競い合う。
- **5日 菖蒲祭：鶴岡八幡宮** 無病息災と長寿を祈り、舞殿で神事と舞楽奉納を行う。
- **28日 白旗神社例祭：鶴岡八幡宮** 源頼朝の遺徳を讃える祝詞を奏し、神前に玉串を捧げる。

6月
- **3日 例大祭：葛原岡神社** 祭神の日野俊基を偲ぶ例祭。神前祭、墓前祭が催される。
- **第2日曜 例祭：五所神社** 3基の神輿が町内を巡り、材木座海岸から海上渡御する。MAP 付録P.15 D-3
- **30日 大祓：鶴岡八幡宮** 半年間の穢れを祓う行事。「茅の輪くぐり」も行われる。

花暦

- 冬ボタン 1～2月
- 梅 1月中旬～3月中旬
- マンサク 2月～3月中旬
- ミツマタ 3月中旬～4月上旬
- 桜 3月下旬～4月上旬
- ボケ 3月～4月中旬
- 桃 3月～4月上旬
- ハクモクレン 3月中旬～4月上旬
- カイドウ 4月上旬～中旬
- ツツジ 4月中旬～5月上旬
- 藤 4月中旬～5月上旬
- バラ〈鎌倉文学館〉
- サツキ 5月下旬～6月中旬
- アジサイ 6月上旬～
- ハナショウブ 6月
- ビヨウヤナギ
- キキョウ
- バラ 5月中旬～6月
- ナツツバキ
- センリョウ 12月～1月中旬
- 水仙 12月中旬～2月
- ロウバイ 12～2月
- 椿 1月下旬～3月

⇧ 荏柄天神社の初天神祭（筆供養）

⇧ 鶴岡八幡宮の流鏑馬（鎌倉まつり）

⇧ 鶴岡八幡宮のぼんぼり祭り

⇧ 光明寺のお十夜

7月	8月	9月	10月	11月	12月
海開きが行われ、海水浴客で賑わい始める。花火大会も開催される。	猛暑日になる日も多い。街歩きの際は熱中症対策を忘れずに。	暑さが和らぎ、過ごしやすい。八幡宮最大の祭事が行われる。	からっとした気持ちのいい気候に。個性豊かな行事に注目したい。	秋も深まり、紅葉が見頃を迎える。庭園散策が楽しい季節。	街が冬めき、イルミネーションが輝く。年の瀬ならではの行事も。
24.9	26.6	23.7		18.5	
				13.3	8.5
	室内の冷房が効きすぎる場合もあるので、羽織るものがあると安心			気温差が大きくなる時期。温度調節しやすい服装で出かけたい	
181.4	137.3	191.3	182.7	104.1	59.3

7月	8月	9月	10月	11月	12月
第1～2日曜 **天王祭：小動神社** 江島神社の祭礼と同時開催。神輿の海上渡御が見どころ。	**10日** **黒地蔵縁日：覚園寺** 10日0時に境内が開門され、暗闇のなかで法要が営まれる。	**11・12日** **ぼたもち供養：常栄寺** 日蓮聖人に老尼がぼたもちを捧げた故事に由来する祭り。	**第1日曜** **人形供養：本覚寺** 寺に9月中に納められた人形を、読経のあと焚き上げ供養する。	**上旬** **宝物風入れ** 北鎌倉の円覚寺と建長寺で、虫干しを兼ねて寺宝が公開される。国宝や重文も多数。	**16日** **御鎮座記念祭：鶴岡八幡宮** 鶴岡八幡宮が鎮座した日を記念し、篝火のもとで舞を奉納。
23・24日 **開山忌：建長寺** 開山・蘭渓道隆の法要。開山像を輿にのせて法堂に遷す。	**10日** **四万六千日詣り** この日の参拝は4万6000日分の参拝と同じ功徳があるとされる。杉本寺、安養院、長谷寺で。	**14～16日** **例大祭：鶴岡八幡宮** 鶴岡八幡宮最大の祭事。神輿渡御や流鏑馬などを行う。	**上旬の金・土曜** **鎌倉薪能：鎌倉宮** 特設舞台で催される夜の野外能。篝火が幽玄の世界を演出。	**8日** **丸山稲荷社火焚祭：鶴岡八幡宮** 五穀豊穣に感謝する火焚きのあと、鎌倉神楽が奉納される。	**18日** **歳の市：長谷寺** だるまや熊手などの縁起物を扱う露店が参道に軒を連ねる。
24日 **鎌倉花火大会** 材木座・由比ガ浜海岸一帯で、約2500発の花火が打ち上げられる。水中花火が名物。	**立秋前日～9日** **ぼんぼり祭：鶴岡八幡宮** 約400の手書きのぼんぼりが境内を飾る。	**18日** **面掛行列：御霊神社** 五穀豊穣を祈る鎌倉神楽のあと、10人の面掛衆が練り歩く。	**13～14日** **お十夜：光明寺** 夜を徹して念仏を唱え祈る法会。境内には露店が出て賑わう。	**15日** **七五三祈請祭：鶴岡八幡宮** 子どもの成長を祝う。	**31日** **大祓：鶴岡八幡宮** 日頃の罪や穢れを祓い去る神事。年に2回行われる。

ノウゼンカズラ	7月上旬～8月上旬
サルスベリ	7月下旬～9月上旬
蓮	7月中旬～8月上旬
フヨウ	8月中旬～9月上旬
萩	9月
ヒガンバナ	9月中旬～10月上旬
ムラサキシキブの実	9月下旬～10月
バラ	10月中旬～11月
サザンカ	10月下旬～12月
ツワブキ	10月中旬～11月
イチョウ黄葉	11月中旬～12月上旬
カエデ紅葉	11月中旬～12月中旬
センリョウ	12月～
水仙	12月中旬～
ロウバイ	12月～

⇧ ヒガンバナ〈浄光明寺〉

※開催日程は変動することがありますので、事前にHPなどでご確認ください。

プレミアム滞在 モデルプラン
鎌倉 おとなの1泊2日

鎌倉観光の基本は、小径を歩き古刹を巡る散策ルート。時間に余裕があれば、由緒ある社寺での坐禅や写経など、鎌倉ならではの体験もしてみたい。海岸沿いへ足をのばすのもありだ。

⊙鶴岡八幡宮の本宮。中央の楼門の奥に拝殿・本殿が控える

1日目

源頼朝ゆかりの地で知る武士ロマン
丘陵地に点在する厳かな寺社を訪れ、鶴岡八幡宮を参拝する。

10:00 鎌倉駅

徒歩約20分
鎌倉駅西口からスタート。佐助稲荷神社から銭洗弁財天 宇賀福神社へは徒歩8分

10:30 佐助稲荷神社 銭洗弁財天 宇賀福神社

徒歩約10分
銭洗弁財天 宇賀福神社から源氏山公園へは上り坂を歩く

12:00 源氏山公園

徒歩約20分
化粧坂切通し経由で寿福寺へ。足場が悪い区間があるので、気をつけて歩こう。途中、季節の花々が美しい海蔵寺や英勝寺に立ち寄ってもいい

14:00 寿福寺

徒歩約10分
横須賀線の踏切を渡る

14:30 鶴岡八幡宮

徒歩約10分
小町通りなどでおみやげ探しを楽しみながら鎌倉駅へ

18:00 鎌倉駅

平家討伐の挙兵にゆかりのある古社を巡る

佐助稲荷神社 ➡P.59
さすけいなりじんじゃ

頼朝が伊豆に流刑されていた時代、夢枕で頼朝に挙兵をすすめた稲荷神を祀る古社として知られている。

銭洗弁財天 宇賀福神社 ➡P.56
ぜにあらいべんざいてん うがふくじんじゃ

「ここの霊水で神仏を供養すれば、国内平穏になる」と、夢の中で宇賀福神が頼朝に告げたといわれる。

頼朝が戦勝祈願をしたという源氏山へ

源氏山公園 ➡P.61
げんじやまこうえん

後三年の役に出陣した源義家にならい、頼朝も平家討伐の前に山頂で戦勝祈願をしたといわれる。

源氏にゆかりの深い名刹と古社

寿福寺 ➡P.58
じゅふくじ

北条政子が夫である頼朝の霊を慰めるために発願したと伝えられる。正治2年(1200)に、日本に初めて臨済宗を伝えた栄西の開山により建立されたという。

鶴岡八幡宮 ➡P.35
つるがおかはちまんぐう

治承4年(1180)、頼朝が鎌倉入りした際に、由比若宮(元八幡)に代わる社殿を現在の地に造営したのが起源。現在の本宮は文政11年(1828)に造営されたもの。

プランニングのアドバイス

佐助稲荷神社から寿福寺にかけては、起伏のあるコースなので、歩きやすい服装と靴で。寿福寺から鶴岡八幡宮にかけては、鎌倉国宝館をはじめ、鎌倉市川喜多映画記念館、鎌倉市鏑木清方記念美術館などのミュージアムがあるので、興味があれば足を運んでみたい。また、コース前半、寿福寺までは食事処はほとんどない。途中での空腹が心配なら、鎌倉駅周辺でお弁当などを購入しておくとよい。源氏山公園は広々としており、お弁当を食べるのにもぴったりだ。

北鎌倉から鎌倉駅へ、古刹さんぽプラン

北鎌倉の四季折々の自然にふれながら、鎌倉屈指の寺社を拝観する。

時刻	スポット
9:00	鎌倉駅

電車で約3分
鎌倉駅から電車で1駅の北鎌倉駅は関東の駅百選のひとつ

9:05 北鎌倉駅

徒歩約1分
駅の東口を出て目の前に円覚寺の総門がお出迎え

9:10 円覚寺

徒歩約6分
駅の西側に延びる鎌倉街道沿いを鎌倉駅方面へ

10:30 浄智寺

徒歩約5分
ゆるやかな坂が続く明月院通りを歩く

11:30 明月院

徒歩約15分
歩道があまり広くないので譲り合って歩こう

13:00 建長寺

徒歩約5分
円応寺は建長寺の斜め向かい。やや急な石段が続くので注意して上ろう

14:30 円応寺

徒歩約18分
鎌倉街道を南下し、小町通りを抜け鎌倉駅へ

17:30 鎌倉駅

プランニングのアドバイス

山深い北鎌倉の古刹を巡るなら、1日目同様に歩きやすい服装で。北鎌倉には有名な寺院が集中しているので鎌倉駅方面に南下しながら効率よく巡りたい。また、鎌倉街道沿いには風情ある古都ならではのショップや、落ち着いた雰囲気のカフェが点在しているので、散策途中のひと休みにもおすすめだ。浄智寺の奥に広がるハイキングコースは葛原岡神社、銭洗弁財天、高徳院の鎌倉大仏をつないでおり、山歩きを楽しみながら見どころを満喫できる。

鎌倉で唯一の国宝建築を擁する寺院へ

円覚寺 ➡P.45
えんがくじ

弘安5年(1282)の創建で、鎌倉五山第二位。国宝の舎利殿を筆頭とした荘厳な境内の建物は、その規模の大きさにも圧倒される。夏目漱石や川端康成などの文学作品の舞台にもなった。

季節の花々も美しい北鎌倉の名刹を巡る

浄智寺 ➡P.52
じょうちじ

鎌倉五山第四位。長い石段の先には中国様式の山門が迎える。仏殿に安置されたご本尊の木造三世仏坐像は必見。

明月院 ➡P.52
めいげついん

永暦元年(1160)創建の明月庵が起源といわれる。梅雨時期に境内一面に咲くアジサイの青は「明月院ブルー」と呼ばれる。

鎌倉五山の第一位 日本最初期の禅宗専門寺院

建長寺 ➡P.48
けんちょうじ

広大な寺域を有する、臨済宗建長寺派の総本山。境内は重厚な建物が連なり、国指定重要文化財の三門、国の名勝指定の方丈庭園など見どころも多い。

透かし彫りの金具がまばゆい唐門

運慶の作と伝わる閻魔大王坐像を祀る

円応寺 ➡P.53
えんのうじ

建長2年(1250)開山。ご本尊の閻魔大王坐像ほか、亡者が冥界で出会うとされる十王の像を安置する。

日帰り

鎌倉文士の足跡をたどる1日プラン

鎌倉文士ともゆかりが深い長谷・由比ヶ浜エリアを散策する。

9:50 由比ヶ浜駅
徒歩約7分
鎌倉駅から由比ヶ浜駅まで江ノ電に乗車。鎌倉文学館と吉屋信子記念館の間は徒歩約5分

**10:00 鎌倉文学館
吉屋信子記念館**
徒歩約10分
途中にある甘縄神明神社などにも立ち寄りたい

12:00 長谷寺
徒歩約6分
おみやげ店が並ぶ長谷通り沿いを歩く

15:30 高徳院
徒歩約6分
光則寺などにも立ち寄りたい

17:00 長谷駅

プランニングのアドバイス

由比ヶ浜エリアは鎌倉でも人気がある地域で、多くの観光客で賑わう。アジサイのシーズンや連休時には、江ノ電をはじめ、たいへん混雑するので余裕あるプランを立てたい。王道ルートを巡ったあとの時間に余裕があれば、花寺として有名な光則寺など個性的な寺社のほか、由比ヶ浜海岸にも足をのばしたい。長谷駅周辺で夕食を楽しむ。また、七里ヶ浜周辺の眺望が良いレストランもおすすめ。その後は江ノ電に乗って、鎌倉駅や藤沢駅へ向かい、帰途につく。

川端康成や大佛次郎らが暮らした由比ヶ浜へ

独特で美しい内装にもご注目

鎌倉文学館 ➡ P.107
かまくらぶんがくかん

鎌倉にゆかりのある作家の愛用品や手紙、原稿などを展示している。

吉屋信子記念館 ➡ P.107
よしやのぶこきねんかん

女流歴史作家として活躍した吉屋信子が晩年を過ごした邸宅。

写経のあとは、美しい境内を散策

長谷寺 ➡ P.63
はせでら

境内にある書院で写経ができる。般若心経は所要約1時間30分ほど。また長谷寺境内には、経蔵や観音堂など、見るべきスポットも多い。

写経の用具は借りられるので、手ぶらで大丈夫

与謝野晶子も称賛した美男の大仏様に出会う

高徳院 ➡ P.62
こうとくいん

大仏自体の高さは11.31m、重さ121tを誇り、胎内も見学することができる。大仏の裏手には、与謝野晶子の歌碑が立つ。

仁王門の中には仁王像がいます

日帰り

潮風を浴びて海景色を楽しむ1日プラン

江の島から稲村ヶ崎へ青い海を眺めながら歩く。

|10:00| 江ノ島駅

徒歩約15分
小田急・片瀬江ノ島駅、湘南モノレール・湘南江の島駅も利用できる

↓

|10:30| 江の島

徒歩約30分
江島神社（辺津宮）から満福寺まで

↓

|14:30| 七里ヶ浜

徒歩約40分
満福寺から海沿いの道を歩き、稲村ヶ崎を目指す。腰越駅～稲村ヶ崎駅間は江ノ電も走っているので、こちらの利用もおすすめ

↓

|16:30| 稲村ヶ崎

徒歩約3分
海沿いを鎌倉方面まで歩く場合、長谷駅まで徒歩20分ほど

↓

|17:00| 稲村ヶ崎駅

プランニングのアドバイス

稲村ヶ崎からの夕景を見られるように、日没から逆算してプランを立てたい。江の島は広く見どころも多いので、半日程度は確保しておきたい。島内は起伏が多いので、歩きやすい服装で。江の島から稲村ヶ崎へは距離があるが、江ノ電も利用すれば楽だ。江の島、稲村ヶ崎～七里ヶ浜周辺には、海が一望できるレストランが点在する。また鎌倉名物の「しらす」料理を出す店も多い。休日は行列覚悟で。

賑わう参道を歩いて江の島観光へ

江島神社（辺津宮） ➡P.80
えのしまじんじゃ（へつみや）

辺津宮、中津宮、奥津宮からなる。辺津宮にある八臂、妙音両弁財天は必見だ。

古刹を訪ね七里ヶ浜へ向けて歩く

満福寺 ➡P.75
まんぷくじ

源義経がこの寺で兄・頼朝に「腰越状」を書いたことで知られる。

満福寺の参道をゆっくりと横切る江ノ電

江の島サムエル・コッキング苑 ➡P.80
えのしまサムエル・コッキングえん

明治時代にあった大庭園を公園として整備。江の島シーキャンドル（展望灯台）からの眺めは抜群。イベントごとのライトアップもおすすめ。

江の島シーキャンドル（展望灯台）から望む江の島大橋。展望フロアからは360度の大パノラマが楽しめる

鎌倉屈指の絶景を眺めてかつての古戦場へ

稲村ヶ崎 ➡P.74
いなむらがさき

新田義貞の鎌倉攻めで知られる戦の地。景勝地でもあり、今は海浜公園として整備されている。

稲村ヶ崎から望む江の島と富士山。雪化粧した富士山もたいへん美しい

21

特集●鎌倉・四季

古都に花と紅葉を見る
鎌倉・四季

爛漫と咲く花々や、燃えるように色づく紅葉は、
いつの時代も人々に季節の移ろいを告げ、心に安らぎをもたらしてきた。
寺社や街なかの無数の木々が、今も古都・鎌倉をあでやかに彩る。

桜
サクラ

山や街を薄紅色に染める
桜舞う春景色

FOUR SEASONS

桜のほか、桃やカイドウなどが次々と開花し、境内や参道は華やかに色づく。

**一度は見ておきたい
桜並木に包まれた名刹**

建長寺 ➡P.48
けんちょうじ

北鎌倉 MAP 付録P.5 E-3

参道は華やかな桜並木で覆われ、風格ある三門と桜が織りなす光景が目を奪う。半僧坊に続く参道の桜も見どころ。

⬆ 境内の桜の数は約300本。優美な花が重厚な建長寺の建物をやさしく包み込む

➡ 3月頃に花をつける三門脇のオカメザクラ

➡ 総門から三門までの参道に、ソメイヨシノが桜のアーチを形づくる

桜舞う春景色

桜
サクラ

**大殿を中心に
広い境内が春一色に**

光明寺 ➡P.70
こうみょうじ

材木座 MAP 付録P.15 D-4

花見の時期は鎌倉最大級の山門が公開され、楼上から見渡す桜は格別。

**参道中ほどから見上げる
大仏と桜が絶妙**

高徳院 ➡P.62
こうとくいん

長谷 MAP 付録P.12 C-2

約50本の桜が境内を彩る。なかでも大仏を背景に咲く桜が美しく、春の鎌倉を象徴する風景となっている。

海棠
カイドウ

**薄紅色で上品な
貫禄ある古木の美しさ**

光則寺 ➡P.65
こうそくじ

長谷 MAP 付録P.12 B-3

カイドウの寺として知られる。本堂前のカイドウは樹齢約200年を誇り、こぼれんばかりの花をつける。市の天然記念物に指定。

⇧ 見頃は4月上旬頃。桜よりも遅咲きで、開花時期も長め

⇧ うつむき加減でしおらしい姿から、中国では美人の形容詞とも

特集●鎌倉・四季

鎌倉一の「つつじ寺」
華麗な赤紫の花は圧巻
安養院 →P.72
あんよういん

大町 MAP 付録P.15 D-1

躑躅
ツツジ

境内を埋め尽くすほどの背の高いオオムラサキツツジが、一斉に大輪の花を咲かせる。本堂の裏手にある宝篋印塔周辺も趣深い。

⬆総門から本堂まで、境内の一面にツツジが咲く。GW前後が見頃

桜舞う春景色

初夏の訪れを告げる
目の覚めるような白藤
英勝寺 →P.58
えいしょうじ

扇ガ谷 MAP 付録P.7 F-2

白藤
シロフジ

境内の奥にある書院の軒先に、鎌倉でも珍しい白藤の大きな藤棚が広がる。例年4月下旬から5月上旬にかけて見頃を迎える。

⬆花房が隣の竹林とともにさわわと風に揺れる様子は幻想的

⬆仏殿の奥に広がる竹林も寺院の見どころ

特集●鎌倉・四季

あでやかに
境内を彩る花々
初夏の華やぎ

FOUR SEASONS

風情ある境内に色を添える
アジサイや花菖蒲。
明月院や長谷寺周辺などは、
特に見応えがある。

↑御霊神社前。柵から身を乗り出したり、線路内に立ち入らないように注意して

**アジサイの目の前を
路面電車が駆ける
江ノ電** ➡P.84
えのでん

紫陽花
アジサイ

アジサイの開花時期には、沿線でアジサイと江ノ電のコラボレーションが見られる。特に見どころが多いのは極楽寺駅〜長谷駅間。

26

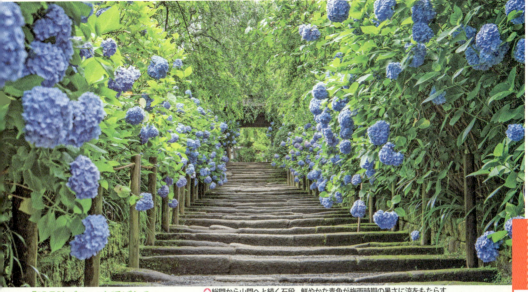

↑総門から山門へと続く石段。鮮やかな青色が梅雨時期の暑さに涼をもたらす

「明月院ブルー」と呼ばれる神秘的な青色が魅力

紫陽花 アジサイ

明月院 ⇒P.52
めいげついん

北鎌倉 MAP 付録P.5 D-2

「あじさい寺」とも呼ばれ、青色のヒメアジサイを中心に約2500株のアジサイが咲く。拝観は平日午前中がおすすめ。

初夏の華やぎ

↑紫、青、白と色のグラデーションが広がる

静寂の境内を彩る深い緑のなかのアジサイ

紫陽花 アジサイ

浄智寺 ⇒P.52
じょうちじ

北鎌倉 MAP 付録P.4 C-3

総門前にある「甘露の井」そばのガクアジサイが美しい。石段や山門前でも、しっとりと咲くアジサイが見られる。

↑森に覆われた境内に彩りを添える

境内の広範囲に多彩なアジサイが群生

長谷寺 ⇒P.63
はせでら

長谷 MAP 付録P.12 B-3

40種以上約2500株のアジサイは壮観。散策路を歩きながら、色とりどりの花を観賞できる。

27

特集 ●鎌倉・四季

深紅と黄金色の コントラスト
錦秋の輝き

FOUR SEASONS

冷たい北風が吹き始めると、山々が徐々に色づき始める。北鎌倉や金沢街道・二階堂周辺の散策が楽しい。

➡鐘楼は山門から境内に入り右側へ。周辺には季節の花々が咲く

重厚な色彩のコントラスト
鐘楼を彩るモミジ

海蔵寺 ➡P.59
かいぞうじ

扇ガ谷 MAP 付録P.7 E-1

参道から境内まで、深紅の紅葉が続く。鐘楼近くの大木は燃えるように美しい。

紅葉
モミジ

➡山門を入るとすぐに見える、赤い番傘と真っ赤なモミジが印象的

28

円窓からのぞく紅葉は
絵画のような幽玄さ
明月院 ➡P.52
めいげついん

北鎌倉 MAP 付録P.5 D-2

2つの庭園があり、いたる場所で木々が色づく。なかでも本堂の「悟りの窓」から見る後庭園の紅葉が、ひときわ高い人気を誇る。

紅葉やカエデがつくる
紅天井が有名
鎌倉宮 ➡P.68
かまくらぐう

二階堂 MAP 付録P.10 C-2

鎌倉屈指の紅葉の名所。社務所前を真っ赤に覆うイロハモミジの「紅天井」が見事。

⬇まるで紅葉に包まれたよう。妙智池、放生池に映る紅葉も必見

静かな真言宗寺院
不動堂横の紅葉は必見
浄光明寺 ➡P.58
じょうこうみょうじ

扇ガ谷 MAP 付録P.7 F-2

境内の随所が赤く染まり、特に不動堂周辺が鮮やか。鐘楼や山門を彩る紅葉も風情がある。

⬇不動明王を祀る不動堂そばの紅葉。秋は萩や彼岸花も美しく咲く

⬆後庭園は花菖蒲の開花時期、紅葉の時期に合わせて公開される

⬇山号「錦屏山」の由来は、周りの山々の紅葉が錦屏風のように美しいことから

山々の秋景色が趣深い
昔ながらの紅葉の名勝
瑞泉寺 ➡P.69
ずいせんじ

二階堂 MAP 付録P.11 E-2

あたり一帯が紅葉の名所で、境内のほか周辺の山々も錦色に染まる。色づくのはやや遅め。

⬇山門手前にある手水鉢

錦秋の輝き

29

青空に映える花々
早春の訪れ

FOUR SEASONS

冬の澄みわたった
青空の下で、白梅や紅梅が
輝くように咲き誇る。
春はすぐそこまで来ている。

特集●鎌倉・四季

厳しい寒さのなかに咲く
独特の形をした花姿
長谷寺 ➡P.63
はせでら

満作 マンサク

長谷 MAP 付録P.12 B-3

上境内海光庵の脇でひときわ目を
引く黄色い花。細長い花弁が特徴。

➡ 経蔵近くにあるマンサク。立春
を過ぎた頃から咲き始める

梅 ウメ

端正で色鮮やか
日蓮宗の名刹を彩る
妙本寺 ➡P.71
みょうほんじ

大町 MAP 付録P.9 D-4

数はさほど多くないが、祖師堂
に向かって左側に梅の木が並び、
紅白の梅が端正な花を咲かせる。

鎌倉の奥座敷で
優美なしだれ梅を愛でる
海蔵寺 ➡P.59
かいぞうじ

梅 ウメ

扇ガ谷 MAP 付録P.7 E-1

紅白の梅のコントラストが
鮮やか。特に山門脇のしだ
れ梅が素晴らしい。

➡ 大きく垂れた枝に無数の花が咲く

➡ 祖師堂近くのほか、日蓮聖人の銅像近くにも紅梅が見られる

道真公にちなんだ
紅白の梅の花が競演

荏柄天神社 →P.68
えがらてんじんしゃ

梅
ウメ

二階堂 MAP 付録P.10 B-2

御祭神の菅原道真公にちなみ、多くの梅が植えられている。拝殿右手に「寒紅梅」、左手には小ぶりの白梅「古代青軸」が咲く。

↑拝殿右手の寒紅梅。鎌倉でいちばん早く咲く梅ともいわれる

↑朱色の拝殿と梅のコラボレーション。合格祈願に来た受験生を出迎える

早春の境内に色づく
ろう細工に似た黄色い花

収玄寺
しゅうげんじ

蝋梅
ロウバイ

長谷 MAP 付録P.12 B-3

「四條金吾邸跡」の石碑前や山門脇で、枝いっぱいに愛らしい黄色の花をつける。甘い香りも魅力。

☎0467-25-3238
所鎌倉市長谷2-15-12 開7:30〜日没 休無休 料無料 交江ノ電・長谷駅から徒歩1分 Pなし

早春の訪れ

←四季折々の花が見られるが、ロウバイの見頃は1月下旬〜2月頃

31

❖ KAMAKURA NEWS & TOPICS

ニュース＆トピックス

旅の拠点となる駅やホテルに、鶴岡八幡宮内の新しいミュージアム。
歴史ある寺社も多いなかで、人気観光地として変化を続ける、鎌倉の新しい情報をチェックして。

鎌倉観光の起点となる各地の 駅舎 がリニューアル

片瀬江ノ島駅は新駅舎が完成。江ノ電は2019年の江ノ島駅・極楽寺駅・藤沢駅に続き2駅の改修を終えた。

2020年7月リニューアル

小田急 片瀬江ノ島駅
おだきゅうかたせえのしまえき

竜宮城のモチーフは旧駅舎を踏襲。社寺の楼門に見られる「竜宮造り」の技法を採り入れ、内部・外観ともにより品格を兼ね備えた駅舎になった。

江の島 MAP 付録 P.16 C-2

改札内には新江ノ島水族館協力のもと、巨大なクラゲ水槽を設置

屋根上にはイルカの像が配され本格的ながら遊び心も満載

2020年6月リニューアル

利便性の高さもアップし、より観光の拠点にふさわしい駅に

江ノ電 鎌倉駅
えのでん かまくらえき

鎌倉駅 MAP 付録 P.8 C-3

ホームを中心にバリアフリーな駅へと改修。コンコースの壁に展示された鎌倉彫の作品にも注目したい。

江ノ電 長谷駅
えのでん はせえき

2020年6月リニューアル

長谷 MAP 付録 P.12 C-3

駅舎が建て直され、新しくシックな見た目へと変身。大屋根で駅舎と一体となった駅前広場も整備された。

スタイリッシュながら、長谷らしい「和」を意識した落ち着いた駅舎

鎌倉ステイが充実する ホテル が続々オープン

鎌倉の各エリアに贅沢な鎌倉観光が楽しめる、おしゃれなホテルが増加中。

HOTEL AO KAMAKURA
ホテル アオ カマクラ

「鎌倉 松原庵(P.122)」が経営するオーベルジュ。江の島を望む海に面した眺望とそばをはじめとした本格料理が自慢。

腰越 MAP 付録 P.17 D-2

☎0467-55-5512 所鎌倉市腰越3-1-7
交江ノ電・腰越駅から徒歩3分 P4台
(有料1泊1300円) in15:00 out11:00 16室 予1泊2食付2万1450円～

地元の食材を使用したコース料理。締めは自慢のそばで

客室は4種類で、どれも広々。写真はスイートルーム

2021年3月オープン

県立近代美術館跡地に 鎌倉文華館 がオープン

2016年に閉館した神奈川県立近代美術館鎌倉を改修。鶴岡八幡宮の歴史を軸に、鎌倉にちなんだ季節展示や特別展を開催。

鎌倉文華館 鶴岡ミュージアム
かまくらぶんかかん つるがおかミュージアム

若宮大路周辺 MAP 付録 P.9 D-1

☎0467-55-9030 所鎌倉市雪ノ下2-1-53
開10:00～16:30(入館は～16:00) 休月曜(祝日の場合は開館)、展示替え期間 料展示により変動 交JR鎌倉駅から徒歩10分 Pなし

池の波紋が映る天井など、建築物としても評価の高い建物

2019年6月オープン

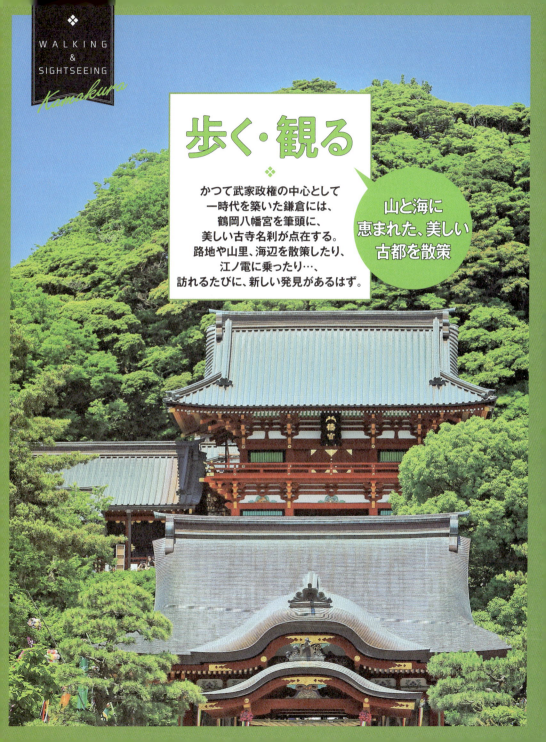

WALKING & SIGHTSEEING
Kamakura

歩く・観る

かつて武家政権の中心として
一時代を築いた鎌倉には、
鶴岡八幡宮を筆頭に、
美しい古寺名刹が点在する。
路地や山里、海辺を散策したり、
江ノ電に乗ったり…、
訪れるたびに、新しい発見があるはず。

山と海に
恵まれた、美しい
古都を散策

鎌倉で最も賑わうエリアを歩く
鎌倉駅・若宮大路周辺

かまくらえき・わかみやおおじしゅうへん

豊かな歴史と伝統が薫る鶴岡八幡宮を中心に、参道・若宮大路、名物グルメやご当地グッズを扱う店が立ち並ぶ小町通りなど、鎌倉観光の王道エリアへ。

歩く・観る ● 鎌倉駅・若宮大路周辺

↑源頼朝が奉納したのが始まりとされている流鏑馬（4月鎌倉まつり）

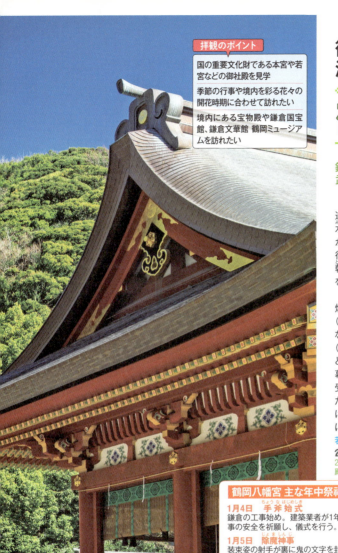

▲緑に包まれた風格ある赤い御社殿は、鎌倉のシンボル的存在

拝観のポイント
- 国の重要文化財である本宮や若宮などの御社殿を見学
- 季節の行事や境内を彩る花々の開花時期に合わせて訪れたい
- 境内にある宝物殿や鎌倉国宝館、鎌倉文華館 鶴岡ミュージアムを訪れたい

街の中心に鎮座する源氏の氏神様
鶴岡八幡宮
つるがおかはちまんぐう

鎌倉幕府興亡の歴史を見守り武将が崇拝した神社

　平安中期の康平6年(1063)、奥州平定を遂げた源頼義が、源氏の氏神である石清水八幡宮を由比郷(由比ヶ浜辺)に勧請したのが鶴岡八幡宮の起源とされる。その約100年後の治承4年(1180)、鎌倉入りした源頼朝は、鶴岡八幡宮を現在の地に遷し、八幡宮を基点にして鎌倉の町づくりを行った。
　建久2年(1191)の鎌倉の大火で御社殿が焼失すると、背後の大臣山を切り崩して上宮(本宮)を造営。上宮・下宮(若宮)の両宮からなる現在の社殿構成が整った。翌年の建久3年(1192)に源頼朝は征夷大将軍となり、源氏とともに鶴岡八幡宮も大きく繁栄する。鎌倉幕府滅亡後は豊臣家や徳川家ら武家の庇護を受けた。現存する御社殿は江戸時代の再建だ。極彩色の彫刻がきらびやかな本宮と若宮は、代表的な江戸建築として国の重要文化財に指定。

若宮大路周辺　MAP 付録P.9 D-1
☎0467-22-0315　所鎌倉市雪ノ下2-1-31　営6:00〜20:30、宝物殿9:00〜16:00　休無休　料拝観無料(宝物殿200円)　交JR鎌倉駅から徒歩10分　Pあり

鶴岡八幡宮 主な年中祭祀

1月4日　手斧始式
鎌倉の工事始め。建築業者が1年の工事の安全を祈願し、儀式を行う。

1月5日　除魔神事
装束姿の射手が裏に鬼の文字を封じた大的を射る。

4月第3日曜　流鏑馬(鎌倉まつり)
鎌倉まつりのイベントとして流鏑馬が披露される。

5月5日　菖蒲祭
無病息災を祈願し、舞殿で舞楽が奉納される。

6月30日　大祓
心身の穢れを清める茅の輪くぐりが行われる。

8月立秋前日〜9日　ぼんぼり祭
著名人が書画を奉納したぼんぼりが参道に灯る。

9月14〜16日　例大祭
最も重要な祭典。宵宮祭や神幸祭、流鏑馬神事が行われる。

9月15日　神幸祭
神輿行列が二ノ鳥居まで進み、八乙女が神楽を舞う。

9月16日　流鏑馬神事
鎌倉武士さながらの狩装束姿で馬上から射る神事。

10月28日　白旗神社文墨祭
歌人としても名高い源実朝公を偲び、多くの人が集う。

12月16日　御鎮座記念祭
本宮で祭典を行い、舞殿北庭にて御神楽を奉奏する。

12月31日　大祓
日頃の罪穢を人形(ひとがた)に託し祓い清める。

鶴岡八幡宮

見どころもご利益もしっかりチェック!!
鶴岡八幡宮を参拝しよう

約800年の歴史を感じさせる名所が点在する境内。神の使いとされる「鳩」のモチーフも探してみて。

↳通行はできない

1 太鼓橋
たいこばし
人々と神を結ぶ神聖な架け橋

三ノ鳥居のそば、源平池の中央にあり、神の通り道とされる橋。参拝客は左右の橋を渡る。創建時は朱塗りの板橋だった。

2 旗上弁財天社
はたあげべんざいてんしゃ
5月上旬には藤棚がきれい

源氏池の島に弁財天を祀る。頼朝が伊豆で平氏追討の挙兵を決意し、旗揚げしたことにちなんだ。昭和55年(1980)の創建800年記念に復元。

↳源平池造営時に北条政子が祀ったとされる

3 白旗神社
しらはたじんじゃ
学業成就や必勝を祈願

源 頼朝、実朝両公を祀る。黒塗りの社殿が周囲の緑に包まれ目を引く。白旗とは源氏の旗で、社殿には家紋の笹りんどうが見られる。現存の建物は明治21年(1888)建立。

↳鎌倉市西御門にも同名の神社がある

歩く・観る ● 鎌倉駅・若宮大路周辺

鶴岡八幡宮

5 舞殿
まいでん
悲恋物語の舞台となった

静 御前が歌い舞ったとされる若宮廻廊跡に建つ。下拝殿ともいい、祭礼や行事が執り行われる。4月の鎌倉まつりでは「静の舞」が披露される。

↳現在は結婚式やイベントにも使われている

4 若宮
わかみや
流権現造りの立派な構え

建久2年(1191)、頼朝により現在の地に祀られた。拝殿、幣殿、本殿が連なる流権現造り。仁徳天皇など4神を祀る。

↳徳川3代将軍・家光の時代に再建された。彫刻も見事だ

お守りをチェック
仕事守
流鏑馬のように良い仕事を射抜けるよう祈願。1000円

鳩鈴守
八幡様の使いとされる鳩がモチーフになった開運のお守り。1000円

注目ポイント
義経への愛の証し「静の舞」

鎌倉に囚われた義経の愛妾・静御前。義経の居場所に口を閉ざし、頼朝に舞を命じられると、義経への恋心を込めて舞ったという。

↑幹部分の「親」(左)と新芽の「子」(右)

6 「親」銀杏と「子」銀杏
「おや」いちょうと「こ」いちょう

隠れ銀杏と呼ばれた御神木

2010年に強風で倒れた、樹齢1000年といわれる大銀杏。その幹部分を根付かせる試みと、新芽を育てる試みが行われている。

8 鎌倉文華館 鶴岡ミュージアム
かまくらぶんかかん つるがおかミュージアム

鎌倉の文化発信の新拠点

旧県立近代美術館を改修し、鎌倉ゆかりの展示を行う。源平池周辺にはカフェも点在。 ➡ P.32

↑平家池そばに立つ。近代建築が目印

↑大石段の上に建つ鮮やかな楼門。振り返れば鎌倉の街並み。門の中は撮影禁止だ

7 本宮
ほんぐう

鎌倉の中心に建つ華麗な江戸建築

応神天皇ほか3神を祀る。若宮と同じ流権現造りに廻廊をめぐらせている。現在の本殿は文政11年(1828)の造営。極彩色の彫刻を随所に施している。

注目ポイント

文字に隠れた生き物は?
楼門の扁額に書かれた「八幡宮」の八の字は、向かい合う2羽の鳩を模している。鳩は八幡神の使いだ。

ここにも注目したい
鶴岡八幡宮に続く若宮大路と段葛
わかみやおおじ・だんかづら

段葛は2016年3月に大規模工事が終了した

由比ヶ浜から鶴岡八幡宮までまっすぐに約2km続く若宮大路は、養和2年(1182)に源頼朝が造営したものだ。道の中央には、妻・政子の安産祈願を込めて段葛が設けられた。段葛とは敷石で一段高くした歩道で、神様や将軍などの貴人のみが通行を許された。参道全長に設けていた段葛は、現在は二ノ鳥居から三ノ鳥居までの約480mのみが保存。春には両脇の桜並木が色を添える。

鶴岡八幡宮

季節ごとの美しい花々を見に行きたい!

春の桜から冬のボタンまで、春夏秋冬それぞれに魅力的な彩りがある。

鶴岡八幡宮で見たい花々

桜	3月下旬〜4月上旬
蓮	7月下旬〜8月中旬
紅葉	11月下旬〜12月中旬
冬ボタン	1月上旬〜2月下旬

※開花時期は目安です

1. 源平池の岸をピンク色に染める桜
2. 梅雨が明ける頃、源平池の蓮が開花
3. 冬ボタンは神苑ぼたん庭園で

37

気になる寺社&店を訪問
賑わう街角と名刹を巡る

鎌倉駅から、鶴岡八幡宮を目指す。活気あふれる小町通りはもちろん、風情ある路地も鎌倉ならでは。

さまざまなご利益を授かり、グルメとグッズで幸せを充電

鎌倉駅を出発し、約4時間のおさんぽへ。源頼朝ゆかりの地や、安産、無病息災などにご利益があるお寺などを巡る。昔の鎌倉に思いを馳せながらのんびり歩いてみよう。

▶鎌倉駅東口から鶴岡八幡宮へ延びる小町通りは、大勢の観光客で賑わう

↑鎌倉駅東口には昔ながらのアーケード商店街もある

歩く・観る●鎌倉駅・若宮大路周辺

1 安産を願う人々が訪れる
大巧寺 だいぎょうじ
MAP 付録P.8 C-3

「おんめさま」の名で親しまれる産女霊神を祀り、安産祈願の寺として知られる。こぢんまりとした境内は季節の花が美しい。
☎0467-22-0639 所鎌倉市小町1-9-28
営9:00～17:00 休無休 料無料
交JR鎌倉駅から徒歩3分 Pあり

↑椿やアジサイなど多彩な花が咲く

2 荒修行地の池が残る
妙隆寺 みょうりゅうじ
MAP 付録P.9 D-2

至徳2年(1385)創建の日蓮宗寺院。第二祖久遠成院日親上人が、100日間お経を読み、水行を行ったとされる池がある。
☎0467-23-3195 所鎌倉市小町2-17-20
営境内自由 交JR鎌倉駅から徒歩8分
Pなし

↑鎌倉・江の島七福神の寿老人を祀る

4 萩の寺として知られる
宝戒寺 ほうかいじ
MAP 付録P.9 E-2

滅亡した北条氏の慰霊のため、後醍醐天皇が足利尊氏に建立させた。本尊の地蔵菩薩は、無病息災などにご利益があるとされる。
☎0467-22-5512 所鎌倉市小町3-5-22
営9:00～16:30 10～3月9:30～16:00 休無休 料300円 交JR鎌倉駅から徒歩13分 Pなし

3 鎌倉幕府最後の地
若宮大路幕府跡 わかみやおおじばくふあと
MAP 付録P.9 D-2

鎌倉幕府の2回目の移転地。嘉禎2年(1236)から幕府が滅亡する元弘3年(1333)まで、北条氏による執権政治の中枢となった。
所鎌倉市雪ノ下1-11 交JR鎌倉駅から徒歩10分 Pなし

→今では幕府跡を示す石碑が残るのみ

↑秋になると境内は萩の花で彩られる

賑わう街角と名刹を巡る

歩く時間 ◆ 約1時間
さんぽコース

鎌倉駅
↓ 徒歩約3分
1 大巧寺
↓ 徒歩約6分
2 妙隆寺
↓ 徒歩約5分
3 若宮大路幕府跡
↓ 徒歩約4分
4 宝戒寺
↓ 徒歩約10分
5 源頼朝の墓
↓ 徒歩約8分
6 鶴岡八幡宮 ➡P.35
↓ 徒歩約5分
7 鎌倉市川喜多映画記念館
↓ 徒歩約2分 ➡P.112
8 小町通り（約600m）➡P.40
↓ 徒歩約1分
鎌倉駅

※上記の「歩く時間」は神社仏閣／施設などの入口までの目安です。見学時間などは含みません。

---

5 ひっそりと立つ将軍の墓
源頼朝の墓
みなもとのよりとものはか

MAP 付録P.9 F-1

源　頼朝の菩提を弔った法華堂跡。5層の墓塔（頼朝墓）は江戸時代、島津重豪によって整備されたといわれている。

所鎌倉市西御門2　休見学自由　交岐れ道バス停から徒歩5分　Pなし

↑ かつては頼朝の持仏堂があった場所

6 鎌倉のシンボル的存在
鶴岡八幡宮 ➡P.35
つるがおかはちまんぐう

7 映画ファン必見の記念館
鎌倉市川喜多映画記念館
かまくらしかわきたえいがきねんかん ➡P.112

8 買い物やグルメに
小町通り ➡P.40
こまちどおり

→ 多くの観光客で賑わう小町通り

観光客で賑わう小町通り。グルメや鎌倉らしいアイテムが並ぶ店が充実している

↑若宮大路の西側に広がる小町通りは鎌倉随一のショッピングロード

A すし処 きみ
すしどころ きみ
MAP 本書P.41
四季と旬を味わう絶品寿司
➡P.116

古都の繁華街でグルメ&ショッピング

活気あふれる
小町通りと若宮大路へ
こまちどおり　わかみやおおじ

鎌倉駅の東側に広がる人気の観光エリア。カフェやみやげ店、食事処が軒を連ね、食べ歩きに買い物に、目移りが止まらない。

歩く・観る ● 鎌倉駅・若宮大路周辺

若宮大路は由比ヶ浜から鶴岡八幡宮へ続く、平安京の朱雀大路を模した参道

B イワタコーヒー店
イワタコーヒーてん
MAP 本書P.41
名物ホットケーキでひと息
➡P.111

C 豊島屋 本店
としまや ほんてん
MAP 本書P.41
鳩サブレーで知られる
➡P.150

J Amalfi Kitchen
アマルフィイ キッチン
MAP 本書P.42

予約 望ましい
予算 L 1500円〜
D 2500円〜

新鮮な地元食材たっぷり

三浦の野菜や魚介など、地元の素材を使ったイタリア料理が味わえる。色彩豊かな前菜やパスタが揃い、フォカッチャも自家製。気取らない雰囲気も魅力。

☎ 0467-40-5101　所 鎌倉市小町2-1-5 1F　営 11:00〜22:00 (LO21:00)　休 無休　交 JR鎌倉駅から徒歩3分

→ 8種類からパスタやピザが選べるランチ「雪の下」1890円。季節の前菜やドルチェなどが付く

→ オープンキッチンのある店内は、白壁と木の風合いが印象的

K MAISON CACAO
メゾン カカオ
MAP 本書P.42

香り高いチョコ菓子店

鎌倉発祥のアロマ生チョコレート専門店。コロンビア産の良質なカカオを使った多彩なチョコレートスイーツを味わうことができる。

☎ 0467-61-3307　所 鎌倉市小町2-9-7　営 10:00〜18:00　休 不定休　交 JR鎌倉駅から徒歩3分

→ 人気のcacao生チョコエクレア各400円と生チョコぷりん350円

→ 香り高い生チョコレートは定番と季節限定のラインナップ

→ ほろ苦スイーツの大人味。生チョコソフト400円

【地図部分】
Amalfi Kitchen J　P.140
菓子舗 日影茶屋 鎌倉小町店 R
鎌倉ハム富岡商会 小町本店 L
山本商会 P.154
mille mele 鎌倉小町店 S
P.41 鎌倉五郎本店
MAISON CACAO K
中国料理 二楽荘 M　P.110
味くら 小町通り店 N　P.141
CAFÉ DE FLEUR
鎌倉帆布巾 S
聖ミカエル教会 U
コアンドル
鎌倉まめや 小町通り店 S
Dolce far niente R
鎌倉・吉兆庵美術館 ★ P.103
ジェラテリア・イル・ブリガンテ
P.150 豊島屋菓寮 八十小路
豊島屋 本店 C　P.150
鎌倉彫慶堂
レオニダス鎌倉店
鎌倉野菜工房 S
鶴ヶ岡会館
鎌倉 吉咲 R
キャラウェイ R
P.41 二ノ鳥居
若宮大路
SEITA PLUS S
mille mele 鎌倉本店 O
シャングリラ H
湯浅物産館 P.105
鎌倉彫資料館 ★ P.96
若宮大路
わっふる21 S
★
三河屋本店 S
P.117 段葛こ寿々 R
八幡宮

歩く・観る ● 鎌倉駅・若宮大路周辺

L 鎌倉ハム富岡商会 小町本店
かまくらハムとみおかしょうかい かまくらほんてん
MAP 本書P.42

歴史ある老舗の伝統の味
→ P.140

M 中国料理 二楽荘
ちゅうごくりょうり にらくそう
MAP 本書P.42

大佛次郎の名著にも登場
→ P.110

N 味くら 小町通り店
みくら こまちどおりてん
MAP 本書P.42

試食しながら選べる漬物
→ P.141

O mille mele 鎌倉本店
ミレ メーレ かまくらほんてん
MAP 本書P.42

鎌倉新名物のアップルパイ！

数々の大会で入賞経歴を持つイタリア人シェフ、マルコ氏が監修。素材にこだわった大ぶりのリンゴと特製カスタードクリームの絶品パイは、手みやげにもおすすめ。

☎ 0467-40-4365　所 鎌倉市小町2-12-27　営 10:00〜18:00　休 無休　交 JR鎌倉駅から徒歩5分

→ サクサクのアップルパイ430円(上)、店頭には焼きたてが並ぶ(下)

→ 小さな店内のショーケースにはできたてアップルパイがずらり。近くの小町通りにも店を構える

42

P 創作和料理 近藤
そうさくわりょうり こんどう
MAP 本書P.43
創意と和の伝統が調和

➡ P.114

Q Salon de Kurumicco
サロン・ド・クルミッコ
MAP 本書P.43
「クルミッ子」を楽しむカフェ

鎌倉紅谷の人気商品「クルミッ子」をコンセプトとしたスイーツが味わえる。

☎0120-36-9635　所鎌倉市雪ノ下1-12-4 鎌倉紅谷 八幡宮前本店2F　営9:30〜17:00(LO16:30) 土・日曜、祝日は〜17:30(LO17:00)　休無休　交JR鎌倉駅から徒歩7分

↑ メニューはパフェやケーキのほか、オリジナルドリンクなど多様

↑ しっとり食感のチーズケーキ、フロマージュ 浮島935円

↑ ドリンクで再現した飲むクルミッ子792円

➕ 一番人気のクルミッ子・パフェ1100円。クルミッ子をパフェとして再構築した豪華なスイーツ

R キャラウェイ
MAP 本書P.42
懐かしい味わいのカレー

予約 不可
予算 L D 660円〜

濃厚なコクと風味豊かなカレーは全部で6種類。「安くておいしいと言われるのがうれしい」と微笑む店主の作るカレーを求め、行列が絶えない。

↑ トロトロの肉がたっぷり入った濃厚なビーフカレー760円

☎0467-25-0927　所鎌倉市小町2-12-20　営11:30〜20:00(LO19:30)　休月曜(祝日の場合は火曜)　交JR鎌倉駅から徒歩7分

S 山安 鎌倉店
やまやす かまくらてん
MAP 本書P.43
肉厚な干物を手みやげに

➡ P.141

山安 鎌倉店 S　P.141

Simbiss鎌倉

T
香司 鬼頭天薫堂

P 創作和料理 近藤　P.114

八幡宮前
平家池

鎌倉紅谷
八幡宮前本店S　三ノ鳥居
Salon de Kurumicco　Q V W 博古堂 P.145
吾妻屋 P.145

T 香司 鬼頭天薫堂
こうし きとうてんくんどう
MAP 本書P.43
お香の上品な香りに誘われて

小町通りに漂うやわらかな香り。その香りをたどっていくと鬼頭天薫堂に着く。オリジナルのお香を中心に、道具などが揃う。毎月、お香教室も開催している(要予約)。

☎0467-22-1081　所鎌倉市雪ノ下1-7-5　営10:00〜18:00(変動あり)　休無休　JR鎌倉駅から徒歩8分

↑ 由比ヶ浜をイメージした甘みのある白檀の香1650円(30本)

活気あふれる小町通りと若宮大路へ

U CAFÉ DE FLEUR
カフェドゥ フルール
MAP 本書P.42
名物スイーツでひと休み

古民家を改築し、フレンチシックな空間が広がる。スイーツはすべて手作り。自家製シロップで作るソーダと合わせていただきたい。

☎0467-38-6868　所鎌倉市小町2-7-30　営11:00〜18:00(LO17:30)　休無休　JR鎌倉駅から徒歩5分

➕ パリの街角にあるカフェのよう

↑ 人気の鎌倉プレミアムショコラ770円(上)、たっぷりのったホイップがキュートな富士山プリン715円(下)

V 吾妻屋
あづまや
MAP 本書P.43
種類豊富に並ぶ鎌倉彫

➡ P.145

W 博古堂
はっこどう
MAP 本書P.43
味わい深く美しい鎌倉彫

➡ P.145

43

花の名所、禅寺の名刹が多いエリア
北鎌倉
きたかまくら

季節ごとにさまざまな表情で人々を魅了する北鎌倉。
アジサイや紅葉の時期には見事な景色が広がる。
座禅や写経・写仏体験など、特別な時間を過ごしてみるのもいい。

歩く・観る●北鎌倉

↑鎌倉五山第二位。鎌倉の玄関口に構える円覚寺は文人たちに愛されてきた名刹

↑仏殿の堂内に安置された本尊の宝冠釈迦如来坐像

↑洪鐘のある高台から北鎌倉の街が見晴らせる

広大な敷地に塔頭が立ち並ぶ

円覚寺
えんがくじ

蒙古襲来の両軍犠牲者を弔う臨済宗円覚寺派の大本山

　8代執権・北条時宗は、蒙古襲来による敵味方両軍の戦没者を弔うため、弘安5年(1282)に円覚寺を創建した。宋の禅僧・無学祖元(仏光国師)を開山に迎え、禅宗道場として発展。建長寺に次ぐ鎌倉五山第二位の寺格を誇った。室町以降の相次ぐ大火や天災にも、時の権力者の庇護を受けて再建を繰り返した。現存する多くの伽藍や点在する塔頭寺院の多くは江戸末期以降に復興されたものだ。
　円覚寺の広大な寺域は、鎌倉特有の谷戸と呼ばれる丘陵の谷あい地形に沿って広がる。山門、仏殿、方丈がほぼ一直線に並び、建長寺同様に中国禅宗様式の伽藍配置を伝えている。国宝の舎利殿や山門が鬱蒼とした杉木立にたたずみ、禅寺らしい厳粛な空気に包まれる。夏目漱石や川端康成ら多くの文豪たちの作品の舞台地としても知られる。

MAP 付録P.5 D-1

☎0467-22-0478 所鎌倉市山ノ内409 開8:00〜16:30(12〜2月は〜16:00) 休無休 料500円 交JR北鎌倉駅から徒歩1分 Pなし

円覚寺 主な行事/法要

1月1〜3日 大般若祈祷会式
方丈で新年を祝って膨大な大般若経を転読。

2月15日 涅槃会
釈迦の命日。仏殿に涅槃図を掲げ法要を営む。

4月8日 降誕会(花まつり)
釈迦の誕生日の法要。誕生仏に甘茶をかけて祝う。

5月GW 舎利殿 特別拝観
通常は非公開の国宝・舎利殿を拝観できる。

11月上旬 宝物風入れ
虫干しを兼ねて宝物を展示。舎利殿の特別公開も。

11月28日 弁財天諷経
江ノ島から招来した弁天堂の法要。太鼓の独特なリズムで経を読む。

12月8日 成道会
釈迦が悟りを開いた日に仏殿で行われる法要。

拝観のポイント

山門、梵鐘、舎利殿(特別拝観日のみ)などの建造物を見学

仏殿にある天井画、『白龍の図』を鑑賞したい

早朝や土曜午後、日曜に開かれる坐禅会に参加してみたい

45

見どころもご利益もしっかりチェック!!

円覚寺を参拝しよう

春は桜、夏は新緑、秋は紅葉など、境内に咲く美しい花や緑に癒やされながら、荘厳な仏殿など、境内の見どころを散策したい。

↑紅葉や新緑の季節には参道沿いの木々が美しい

1 総門 そうもん
瓦葺きの円覚寺の正門

JR北鎌倉駅を出て、鎌倉方面へ線路沿いに進むと、石段の上に四脚門の総門がある。ここをくぐれば円覚寺の境内だ。

2 山門 さんもん
江戸後期の様式を持つ

天明3年(1783)に再建した入母屋造の門。扁額には伏見上皇宸筆で、寺の正式名称「瑞鹿山円覚興聖禅寺」と書かれている。創建当時は白鷺池の南にあった。

↑楼上に十六羅漢や十一面観音を安置(楼上は見学不可)

3 仏殿 ぶつでん
白龍が睨む貫禄の天井絵

安置する本尊の宝冠釈迦如来坐像は、頭部のみ鎌倉期の作。前田青邨監修、守屋多々志筆による天井絵『白龍の図』がある。

↑建物は昭和39年(1964)に再建されたもの

4 居士林 こじりん
庶民の坐禅道場

在家修行者のための坐禅道場。現在も初心者向けの坐禅会を開催。建物は東京・牛込の柳生流剣道場を移築したもの。

↑毎週土曜に坐禅会を開催している

5 方丈 ほうじょう
寺のさまざまな行事を開催

各種の法要や坐禅会、説教会など幅広く利用。方丈前にはビャクシンの老木、裏には禅宗庭園がある。

↑ビャクシンの木は無学祖元が植えたと伝えられる

注目ポイント

方丈にある百観音とは?

江戸時代に拙翁尊者が100体の観音像を祀ったのが起源。現在は、明治時代に整備された33体の観音像が祀られている。

お守りをチェック

心むすび守
心と心を結ぶ。恋愛以外にも良いご縁がありそう。500円

幸まもり
いつも幸せでいられるように。ほかには「福」や「恋」も。500円

6 塔頭 仏日庵
たっちゅう ぶつにちあん

円覚寺の創建者を祀る

8代執権・北条時宗とその子・貞時、孫・高時を祀る。川端康成の小説『千羽鶴』の舞台となった茶室「烟足軒」がある。

☎0467-25-3562 ⏰9:00～16:00（12～2月は～16:00）休無休 料100円、抹茶込600円（円覚寺の拝観料500円が別途必要）

↑境内には魯迅が贈った白木蓮が育つ

↑鎌倉唯一の国宝建造物であり、日本最古の禅宗様建築物

7 舎利殿
しゃりでん

特別拝観時のみ公開

典型的な禅宗様式を伝える国宝建築

現存の建物は西御門にあった太平寺から移築した仏殿で、円覚寺最古の室町中期頃の建築。源 実朝が宋から請来した仏舎利を安置。

注目ポイント

禅宗様の代表的建築
急勾配の屋根、軒下の細木が放射状に広がる扇垂木、上部がアーチ状の花頭窓など、禅宗建築の特徴的な装飾様式が随所に見られる。

8 黄梅院
おうばいいん

夢窓国師坐像を安置

15世住職・夢窓疎石の塔所（墓所）として南北朝時代に創建。足利義詮の遺骨も分骨された。本尊は室町時代の千手観音菩薩像。

↑境内の最奥部にあり、緑が深い

9 洪鐘
おおがね

国宝の鎌倉三名鐘

全長約2.6mの鎌倉最大の梵鐘。正安3年（1301）に9代執権・北条貞時が寄進。建長寺、常楽寺と並ぶ鎌倉三名鐘のひとつ。

←風格ある洪鐘。物部国光の代表作のひとつ

10 帰源院
きげんいん

夏目漱石の小説の舞台地

内部非公開

38世住職・仏恵禅師の塔所。明治27年（1894）の年末から翌年1月まで、夏目漱石が参禅の際投宿した。その体験を小説『門』に著した。

↑漱石の前年に島崎藤村が寺に逗留した

円覚寺

季節ごとの美しい花々を見に行きたい!!

梅、桜、アジサイなど季節を代表する花々が咲き誇る。

円覚寺で見たい花々

梅	1月下旬～3月中旬
桜	3月下旬～4月中旬
アジサイ	6月上旬～下旬
紅葉	11月下旬～12月中旬

※開花時期は目安です

1. さまざまな色のアジサイが美しい
2. 春の訪れを告げる梅
3. 境内をピンクに染める桜

47

鎌倉五山第一位の寺格を誇る

建長寺
けんちょうじ

日本で最初期に誕生した禅宗専門寺院
重厚な伽藍や庭園に宿る禅の心

拝観のポイント
- 総門、唐門などの仏教美術に注目してみたい
- 日本画家・小泉淳作氏が描いた天井画、龍雲図は必見
- 桜、ボタン、蓮、サザンカなど境内を彩る花々も楽しみ

　鎌倉五山第一位、臨済宗建長寺派大本山の建長寺は、日本で最初期に創建された禅宗専門寺院だ。5代執権・北条時頼が中国渡来僧の蘭渓道隆を開山に迎え、建長5年(1253)に仏殿を建立。その後、長い年月を費やして次々と伽藍を造営。宋の禅寺を模範にして、総門や三門、仏殿、法堂間を一直線上に配置した。最盛期には禅の専門道場に各地から1000人以上の修学僧が集ったという。

　広大な寺域を有し、49の塔頭寺院を持つ大寺院となるが、度重なる天災などで時勢はしだいに衰退。徳川幕府の支援により、三門や法堂、仏殿など現存の伽藍が復興された。現在も参拝者の立ち入れない奥の僧堂で、厳しい修行が積まれている。重厚感あふれる三門や本尊・地蔵菩薩を祀る仏殿、国の名勝・方丈庭園など見どころは豊富だ。

MAP 付録P.5 E-3
☎0467-22-0981 所鎌倉市山ノ内8 時8:30〜16:30
休無休 料500円 交JR北鎌倉駅から徒歩15分 Pあり

建長寺 主な行事／法要

立春の前日　節分会
境内で、かっぽれの奉納や豆まきを行う。

2月15日　涅槃会
釈迦入滅の日に、法堂で涅槃図を掲げ読経を行う。

4月8日　花まつり
釈迦の降誕会を行い、三門前で甘茶の接待を行う。

5月28日　茶筅供養
茶道会の各流派が集まり、古い茶筅の供養をする。

7月15日　三門梶原施餓鬼会
三門で源頼朝の家臣・梶原景時の供養をする。

7月23・24日　開山忌
開山・蘭渓道隆の像を法堂に遷し、開山法要を実施。

11月上旬　宝物風入れ
彫刻や絵画、古文書などの貴重な宝物を公開。

歩く・観る●北鎌倉

凛とした雰囲気、風格を感じさせる堂宇は最初期の禅宗専門寺院ならではのもの

建長寺

見どころもご利益もしっかりチェック!!

建長寺を参拝しよう

創建から760年余りを誇る境内へ。三門や仏殿など国の重要文化財も多数。四季の花々や美しい庭園も必見だ。

1 総門
そうもん
本瓦葺きの四脚門

JR北鎌倉駅を出て、鎌倉方面へ線路沿いに進むと、石段の上に四脚門の総門がある。ここをくぐれば円覚寺の境内だ。

→ 参道の最初に現れる

2 梵鐘
ぼんしょう
創建時に製作された国宝の名鐘

建長7年(1255)に北条時頼が寄進。重さ2tで、開山・蘭渓道隆の銘文が浮き彫りされている。

→ 高さは約2m。鎌倉三名鐘のひとつ

3 三門
さんもん
寺の風格を物語る門

上層・下層それぞれに屋根を持つ銅板葺きの二重門。江戸中期の安永4年(1775)に再建された。下層に仁王像を置かず、上層には釈迦如来や五百羅漢などを安置。国の重要文化財に指定。

→ 禅宗寺院では山門ではなく「三門」。仁王像を置かないのも禅寺の特徴

4 仏殿
ぶつでん
禅寺でひときわ華やかな堂宇

徳川将軍・秀忠の妻・崇源院(お江の方)の霊屋を芝・増上寺から移築。華麗な欄間彫刻や天井画は必見。国の重要文化財。本尊・地蔵菩薩を祀る。

↑ 仏殿は増上寺で寛永5年(1628)に建立

注目ポイント

禅寺に珍しい地蔵菩薩像

建長寺の創建前、一帯は罪人の刑場で、地蔵菩薩を祀る寺があった。往時の信仰と本尊がそのまま建長寺に引き継がれた。

⬆ 創建750年を記念して描かれた

5 法堂
はっとう
関東最大級の禅宗法堂建築

法堂とは僧侶が説法を聞く修行道場。のちに儀式を行う場となり、千手観音像が安置された。現存の建物は文化11年(1814)の建立。

[注目ポイント]
天井画の雲龍図
法の雨(仏法の教え)を降らすという龍は、法堂の天井によく描かれる。鎌倉出身の日本画家・小泉淳作による2003年の作。

⬆ 江戸後期の再建。鎌倉期の意匠を随所に再現した

けんちん汁と建長寺
大根やニンジン、ゴボウなどをゴマ油で炒め、醤油仕立てにしたけんちん汁は、建長寺の修行僧が食べていた精進料理の汁ものが起源だ。建長汁がいつしか訛り、一般家庭へ普及したといわれる。

写真提供:鉢の木 北鎌倉店

7 方丈庭園
ほうじょうていえん
心洗われる禅宗庭園

心字池を中心に芝地を設け、低木や銘石を配した風雅な庭園。開山の蘭渓道隆作と伝えられる。国の名勝。

⬆ 方丈裏手に造られた住職の私的な庭だった

⬆ 「龍王殿」とも呼ばれる。昭和15年(1940)に移築された

6 方丈
ほうじょう
柱の細い上品な造りの江戸建築

総門同様、京都の般舟三昧院の本堂を移築した江戸後期の建築。もとは住職の生活空間だったが、のちに法要や儀式の場となった。

[注目ポイント]
唐門の美しい装飾
方丈の表門で、芝・増上寺の崇源院(お江の方)の霊屋の門を移築した。彫刻や透かし彫り金具など繊細な装飾が随所に見られる。

8 半僧坊
はんそうぼう
火除けや厄除けの天狗様

方丈から200段以上の石段を上る。静岡・方広寺の半僧坊大権現を勧請した建長寺の鎮守。展望台から伽藍や富士山を一望できる。

⬆ 石段途中には祭神のお供の天狗像

建長寺

季節ごとの美しい花々を見に行きたい!!

広大な敷地にはさまざま花々が植えられており、訪れる者を楽しませてくれる。

建長寺で見たい花々	
桜	3月下旬〜4月中旬
ボタン	5月上旬〜5月下旬
サツキ	5月中旬〜6月上旬
紅葉	11月下旬〜12月上旬

※開花時期は目安です

1. 三門前の桜は圧巻
2. 創建750年記念に植えられたボタン
3. 境内を赤く染める見事な紅葉

○静寂のなか自然と向き合う
山々に包まれた北鎌倉を歩く

鎌倉街道沿いに有名寺院が点在する北鎌倉。喧騒から外れた落ち着いた街には、古都の風情が漂う。

花の名所があちこちに絵に描いたような景色に出会う

一年を通してさまざまな花が咲き、四季の移ろいを感じることができる。美しい花と荘厳な建築物の数々は、まるで絵画のような美しさ。カメラ片手に散策を楽しみたい。

⊙扇ガ谷まで通じる亀ヶ谷坂のアジサイ

⊙円覚寺の広大な寺域は桜をはじめ、色とりどりの花が咲く

1 蒙古襲来の犠牲者を弔う
円覚寺 ➡P.45
えんがくじ

2 巨木に囲まれた静寂の禅寺
浄智寺
じょうちじ
MAP 付録P.4 C-3

北条時頼の三男・宗政の菩提を弔うため鎌倉中期に創建された禅宗寺院。阿弥陀、釈迦、弥勒がそれぞれ過去、現在、未来を表す三世仏が本尊。

☎0467-22-3943 所鎌倉市山ノ内1402 開9:00～16:30 休無休 料200円 交JR北鎌倉駅から徒歩8分 Pあり

⊙大正時代に再建された、素朴なたたずまいの茅葺き屋根の書院

⊙ひなびた石段の上の山門は、鎌倉では珍しい中国様式の鐘楼門。2階建てになっている

⊙本堂の木造三世仏坐像は南北朝時代のもの

3 梅雨どきに賑わうあじさい寺
明月院
めいげついん
MAP 付録P.5 D-2

平安末期創建の明月庵が起源。境内に約2500株が育つアジサイの寺として知られる。本堂丸窓から望む後庭園の紅葉や枯山水庭園も趣がある。

☎0467-24-3437 所鎌倉市山ノ内189 開9:00～16:00 6月8:30～17:00 休無休 料500円 交JR北鎌倉駅から徒歩10分 Pなし

⊙ヒメアジサイの鮮やかな青い花が境内を彩る

⊙花菖蒲の開花時期と紅葉の時期には庭園が公開

歩く・観る●北鎌倉

さんぽコース

歩く時間 ◆ 約1時間

北鎌倉駅
↓ 徒歩約1分
1 円覚寺 ➡P.45
↓ 徒歩約5分
2 浄智寺
↓ 徒歩約5分
3 明月院
↓ 徒歩約8分
4 長壽寺
↓ 徒歩約6分
5 建長寺 ➡P.48
↓ 徒歩約2分
6 円応寺
↓ 徒歩18分
北鎌倉駅

円応寺から鎌倉駅へは徒歩約20分

※上記の「歩く時間」は神社仏閣／施設などの入口までの目安です。見学時間などは含みません。

4 期間限定で公開される名所
長壽寺
ちょうじゅじ
MAP 付録P.5 D-3

足利尊氏の菩提寺で、建長寺の塔頭寺院。春・秋の年2回一般公開され、境内の美しいアジサイや紅葉を見ることができる。
☎0467-22-2147　所鎌倉市山ノ内1503　時4〜6月、10〜11月の金〜日曜、祝日10:00〜15:00　休公開時期の雨天時　料300円　交JR北鎌倉駅から徒歩10分　Pなし

↑紅葉の時期は境内全体がひときわ鮮やかに

5 日本初の禅宗寺院
建長寺 ➡P.48
けんちょうじ

6 表情豊かな運慶の閻魔大王
円応寺
えんのうじ
MAP 付録P.5 E-4

本堂には冥途で死者の罪業を裁くという10人の王（十王）の像を安置する。中心の閻魔大王坐像は、運慶作と伝わる。
☎0467-25-1095　所鎌倉市山ノ内1543　時9:00〜16:00（12〜2月は〜15:30）　休無休　料200円　交JR北鎌倉駅から徒歩18分　Pなし

↑創建は鎌倉時代中期

山々に包まれた北鎌倉を歩く

ひと休みスポット
美しい上生菓子
御菓子司 こまき
おかしつかさこまき

北鎌倉駅の真横に70余年、主人が製餡から手がける上生菓子は1日1種類のみ。窓から望める白鷺池を眺めながら、挽きたての抹茶を心静かに味わいたい。
MAP 付録P.4 C-1
☎0467-22-3316　所鎌倉市山ノ内501　時10:00〜16:30　休火曜　交JR北鎌倉駅から徒歩1分　Pなし

↑季節にちなんだお菓子と抹茶セット1001円

53

鎌倉ハイキング ①

天園ハイキングコース経由
街を見渡す大平山を巡る
おおひらやま

ところどころで目の前に広がる鎌倉の街並みが美しい。この道は、かつて修行僧たちが行脚してきた道という。

山中にたたずむ史跡と眼下の絶景を満喫

　鎌倉市北部に連なる山々、「鎌倉アルプス」の尾根道を歩くコース。建長寺から山道を登って鎌倉アルプスの最高峰・大平山の山頂を目指し、明王院へと下る。中世の修験者たちが踏みしめた山道は、市街地とは別世界の深い緑に包まれ、百八やぐらや貝吹地蔵など鎌倉時代の史跡が点在している。時折出会う、相模湾や富士の絶景が疲れを癒やしてくれる。

歩く・観る●北鎌倉

① 建長寺 半僧坊
けんちょうじ はんそうぼう

北鎌倉 MAP 付録P.5 F-2

天狗像がお出迎え

建長寺の鎮守。厄除けや火除けのご利益で知られる半僧坊大権現を祀っている。祭神のお供とされるカラス天狗の像が境内の随所にある。

☎0467-22-0981　所鎌倉市山ノ内8　8:30～16:30　休無休　JR北鎌倉駅から徒歩30分

↑建長寺境内奥の石段を上ると天狗像が迎える

② 勝上嶽展望台
しょうじょうけんてんぼうだい

北鎌倉 MAP 付録P.5 F-2

最初の景勝スポット

建長寺裏山の展望台。眼下に建長寺の伽藍を一望。遠くに鎌倉の街並みと相模湾のパノラマが広がる。少し先には十王岩の展望所もある。

↑半僧坊から5分ほどで到着

↓南を海、残りの三方を山に囲まれた天然の要塞都市・鎌倉を眼下に望める

ビュースポット

③ 百八やぐら
ひゃくはちやぐら

二階堂 MAP 付録P.3 E-1

鎌倉特有の墳墓が点在

覚園寺裏山一帯にある鎌倉最大のやぐら群。中世の横穴式墳墓とされる数多くのやぐらが点在。煩悩の数にちなんで名付けられた。

↑岩窟に五輪塔などが立つ

④ 大平山
おおひらやま

二階堂 MAP 付録P.3 F-1

鎌倉アルプス最高峰に到着

標高159mで鎌倉の最高地点。山頂は開けているが、木立に遮られて眺望はさほどよくない。ルートの約半分の地点。上りはここで終わり、あとは下りが続く。

↓山頂では小休止。あと少し歩けば天園休憩所

54

ハイキングルート	
歩く時間	約3時間

北鎌倉駅
↓ 徒歩約30分
1 建長寺 半僧坊
↓ 徒歩約5分
2 勝上献展望台
↓ 徒歩約15分
3 百八やぐら
↓ 徒歩約30分
4 大平山
↓ 徒歩約30分
5 貝吹地蔵
↓ 徒歩約15分
6 奥津城やぐら
↓ 徒歩約20分
7 弁天社
↓ 徒歩約10分
8 明王院
↓ 徒歩約5分
泉水橋バス停

建長寺 半僧坊から瑞泉寺に向かう天園ハイキングコースは、奥津城やぐらから瑞泉寺へ抜ける。百八やぐらはコースから離れた場所にあるので注意。起伏に富んだコースなので、時間に余裕のあるプランを。

※上記の「歩く時間」は神社仏閣／施設などの入口までの目安です。見学時間などは含みません。
※2021年3月現在、太平山〜瑞泉寺は不通。最新情報はHP「鎌倉観光公式ガイド」を確認。

ひと休みスポット

ハイカーたちの憩いの場
天園休憩所
てんえんきゅうけいじょ

おでんやアイスクリームなど軽食や飲み物がある休憩所でひと休み。近くには展望スポットも。

MAP 付録P.3 F-1

5 貝吹地蔵
かいふきぞう

二階堂 MAP 付録P.11 E-1

北条軍を助けたお地蔵さん

鎌倉攻めで自害した北条高時の首を守って敗走中の家臣に、地蔵が貝の音で誘導したとの伝説が残る。

↗ 静かな岩場に赤い前掛けを付けた地蔵を祀る

6 奥津城やぐら
おくつきやぐら

二階堂 MAP 付録P.11 E-2

ひっそりと立つ武士の墓

瑞泉寺の裏山にあるやぐら群のひとつ。鎌倉武士の墓とされる横穴式墳墓。秋には周辺の紅葉が見事だ。

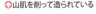
↗ 山肌を削って造られている

7 弁天社
べんてんしゃ

二階堂 MAP 付録P.11 E-3

水と知恵の神様を祀る

この近くの井戸から泉水が湧いたため、七福神の1神で水の神様である弁財天を祀ったという。鳥居の先に小さな石の祠が立つ。

↗ 明王院と瑞泉寺の間に祀られる

8 明王院
みょうおういん

金沢街道 MAP 付録P.11 E-4

鎌倉唯一の五大明王を祀る

鎌倉時代に4代将軍・藤原頼経が鬼門除けの祈願所として創建。不動明王を中心とした五大明王像は毎月28日の護摩法要で拝観できる。

☎0467-25-0416 鎌倉市十二所32 9:00〜16:00 無休 志納 泉水橋バス停から徒歩5分

↗ 風情ある芽葺きの本堂

さまざまな魅力が詰まった谷戸の景色
扇ガ谷・源氏山公園周辺
おうぎがやつ・げんじやまこうえんしゅうへん

こぢんまりとした鎌倉駅西口を出ると、左手に延びるのが御成通り。源氏山公園へは、駅から直進する市役所前を進むのが早道。今小路を北鎌倉方面に進めば、英勝寺や海蔵寺にたどり着く。

商売繁盛の霊水で有名

銭洗弁財天 宇賀福神社
ぜにあらいべんざいてん うがふくじんじゃ

→ここで湧き出る霊水は「銭洗水」と呼ばれる鎌倉五名水のひとつ

金運のご利益で人気の弁天様　源頼朝が夢のお告げで創建

源頼朝が鎌倉入りした直後、夢枕に宇賀福神が現れ、「ここの霊水で神仏を供養すれば国内平穏になる」とのお告げを受け創建したとされる。奥宮の洞窟に湧く鎌倉五名水のひとつ、銭洗水がその霊水。「霊水で清めたお金を使うと何倍にも増える」とのご利益にあやかろうと多くの参拝客が訪れる。

MAP 付録 P.7 D-2
☎0467-25-1081　所鎌倉市佐助2-25-16　営8:00〜16:30　休無休　料無料　交JR鎌倉駅から徒歩20分　Pあり

お守りをチェック

おたから小判(左)　御鉁銭(右)

財布に入れておけば金運がアップするという人気のお守り。各300円

本宮
ほんぐう

祭神の市杵島姫命を祀る。水の女神様で、弁財天と同一視されることもある。奥宮でお金を清める前にお参りしよう。

←車道からトンネルを抜け、連なる鳥居をくぐると本宮の建つ境内

七福神社
しちふくじんじゃ

大黒天・恵比寿・毘沙門・弁財天・布袋・福禄寿・寿老人の七福神を祀る。福徳や商売繁盛にご利益があると信じられている。

奥宮
おくみや

境内奥にある洞窟内に銭洗水が湧き、宇賀福神と弁財天を祀る。神仏習合時代には、宇賀福神と弁財天は同一視された。

→社務所に100円を納め、線香とろうそくを供えてから奥宮へ。ザルにお金を入れ、ひしゃくで洗い清める

おしゃれなお店が集まるストリート

進化し続ける
御成通り&今小路

おなりどおり・いまこうじ

地元っ子御用達の、昔からの店が集まる商店街。
個性的なお店も増えていて賑わっている。

実力確かな絶品ジェラート
GELATERIA SANTi
ジェラテリア サンティ

御成通り MAP 付録P.7 F-4

御成通りの脇道、細い路地の奥にたたずむ。オーナーの松本さんが本場イタリアで学んだジェラートは、移ろう季節に合わせて味を変え、地元の人にも好評。濃厚ながら後味すっきりのジェラートで、ほっと心を休めて。

☎なし 所鎌倉市御成町2-14 営12:00(土・日曜、祝日11:00)～17:00 休不定休 交JR鎌倉駅から徒歩2分 Pなし

↑本場仕込みのジェラートは、地元の新鮮な素材をふんだんに使うのがポイント。添加物を使わず、人にも環境にもやさしいジェラートを目指しているとか

↑ショーケースには常時12種類が並ぶ。店内カウンターから外を眺めると、目の前を江ノ電が横切る

↑サイズはダブル550円～。フレーバーのひとつひとつからこだわりを感じて迷ってしまいそう。左は一番人気のピスタチオ

銭洗弁財天／御成通り&今小路

日本人好みのチョコレート
鎌倉くらん
かまくらくらん

御成通り MAP 付録P.7 F-4

チョコレート一筋50年以上の製菓会社が日本人の口に合うチョコレート菓子を提案。熟練の職人がひとつひとつていねいに作る菓子は香り豊かで味わい深い大人味のチョコレート。

☎0467-38-7654 所鎌倉市御成町10-8 営10:00～19:00 休水曜(祝日の場合は翌日) 交JR鎌倉駅から徒歩2分 Pなし

↑国産の栗とショコラを合わせたヴィクトワールマロンは、かまくら推奨品に認定されている。4個864円

↑しょこらの実で一番人気のマカダミア648円

↑しょこらの実各648円。ホワイト苺、アーモンドなど全6種類

毎日使いたい上質な雑貨
HMT
エイチエムティ

御成通り MAP 付録P.8 B-4

生活に取り入れやすいシンプルな雑貨を扱うセレクトショップ。洗練されたディスプレイは見ているだけでワクワク。地元客が多く、カフェの店員さんもお店用に購入していくのだという。

☎0467-39-6658 所鎌倉市御成町5-35 1F 営11:00～18:00 休不定休 交JR鎌倉駅から徒歩5分 Pなし

↑軒先に並ぶ多肉植物302円(1鉢)

↑琺瑯(ほうろう)の食器やガラス瓶も豊富

街角の小さな文具店
TUZURU
ツズル

今小路 MAP 付録P.7 F-3

万年筆好きの店主がセレクトした文房具や手紙用品が店内所狭しと並ぶ。ライティングルームがあるので、はがきを買って思い出を綴りたい。

☎0467-24-6569 所鎌倉市扇ガ谷1-1-4 営11:00～17:00 休水曜 交JR鎌倉駅から徒歩4分 Pなし

↑万年筆は初心者用から本格仕様まで豊富に揃える

↓鎌倉をモチーフにしたオリジナルはがき165円(1枚)

57

個性あふれる古刹を巡る
山里を歩いて鎌倉の歴史を知る

名刹が集まる今小路を北に向かって上り坂へ。頼朝像が立つ源氏山公園を過ぎれば、間もなく銭洗弁財天に到着。

緑深い山々を背景にたたずむ名刹を巡り、歴史に親しむ

静かな小径を歩き、鎌倉五山のひとつの寿福寺や花寺・英勝寺などを訪れ、銭洗弁財天や佐助稲荷神社へ。途中のつづら折りの坂道の化粧坂切通には、古戦場の面影が残る。

↑横須賀線に沿うように南北に延びる今小路

↑春には桜のトンネルが美しい薬王寺の門前

歩く・観る ●扇ガ谷・源氏山公園周辺

1 鎌倉五山第三位の古刹
寿福寺 じゅふくじ
MAP 付録P.7 F-2

正治2年(1200)、北条政子が夫の源頼朝の霊を慰めるため発願し、臨済宗の開祖・栄西により創建されたと伝わる。境内は参拝できないが総門から中門まで風情ある参道が続く。高浜虚子や大佛次郎の墓がある。

☎0467-22-6607　所鎌倉市扇ガ谷1-17-7
[営休料]中門まで拝観自由　交JR鎌倉駅から徒歩12分　Pなし

↑源頼朝の父・義朝の邸宅跡地といわれている

2 現存する鎌倉唯一の尼寺
英勝寺 えいしょうじ
MAP 付録P.7 F-2

徳川家康の側室で、水戸家初代徳川頼房の養母、お勝の局が寛永13年(1636)に創建。仏殿や鐘楼、唐門などの江戸初期の名建築や竹林が見事。

☎0467-22-3534
所鎌倉市扇ガ谷1-16-3
営9:00～16:00　休木曜　料300円　交JR鎌倉駅から徒歩12分　Pなし

↑袴腰付楼閣形式と呼ばれる高貴な趣の鐘楼

↑水戸家の姫が代々住職を務めた

↑英勝寺境内裏の静寂に包まれた竹林。遊歩道が設けてある

3 花も美しい学問の道場
浄光明寺 じょうこうみょうじ
MAP 付録P.7 F-2

鎌倉中期に北条氏の庇護を受け、諸宗兼学の寺として創建。収蔵庫で重要文化財の阿弥陀三尊像を拝観できる。

☎0467-22-1359　所鎌倉市扇ガ谷2-12-1
営境内自由、収蔵庫・山上拝観は木・土・日曜、祝日10:00～12:00 13:00～16:00　休無休、収蔵庫・山上拝観は8月と雨天時志納、収蔵庫・山上拝観200円　交JR鎌倉駅から徒歩15分　Pなし

↑梅や萩など境内の花々も美しい

↑5月頃には色とりどりのツツジが咲く

さんぽコース

歩く時間 ◆ 約1時間30分

鎌倉駅
↓ 徒歩約12分
1 寿福寺
↓ 徒歩約3分
2 英勝寺
↓ 徒歩約5分
3 浄光明寺
↓ 徒歩約8分
4 薬王寺
↓ 徒歩約8分
5 海蔵寺
↓ 徒歩約20分
6 銭洗弁財天 宇賀福神社 ➡ P.56
↓ 徒歩約8分
7 佐助稲荷神社
↓ 徒歩約20分
鎌倉駅

※上記の「歩く時間」は神社仏閣／施設などの入口までの目安です。見学時間などは含みません。

山里を歩いて鎌倉の歴史を知る

4 説法中の日蓮像を安置
薬王寺 やくおうじ
MAP 付録 P.7 F-1

徳川家、蒲生家とゆかりが深く、寺紋は三葉葵。本堂の日蓮聖人像は、口を開け、実物の法衣をまとう説法中の姿。

☎0467-22-3749 所鎌倉市扇ガ谷3-5-1
休無料拝観自由 交JR鎌倉駅から徒歩17分
Pなし

↑寺は真言宗から日蓮宗に改宗された

5 野草も咲き乱れる萩の寺
海蔵寺 かいぞうじ
MAP 付録 P.7 E-1

胎内に仏面を納めた薬師如来像は啼薬師または児護薬師と呼ばれ、子育てのご利益で知られる。緑深い寺は秋の萩をはじめ、山野草も美しい。

☎0467-22-3175 所鎌倉市扇ガ谷4-18-8 開9:30〜16:00 休無休 料志納 交JR鎌倉駅から徒歩20分 Pあり

↑薬師如来の胎内仏は61年ごとに公開

6 金運アップを祈願 ➡ P.56
銭洗弁財天 宇賀福神社
ぜにあらいべんざいてん うがふくじんじゃ

7 出世運にご利益あり
佐助稲荷神社 さすけいなりじんじゃ
MAP 付録 P.6 C-2

稲荷神が源頼朝の夢枕に立ち、平家討伐を勧めたとされ、出世運や開運祈願で知られる。本殿には参拝者が奉納した小さな霊狐が無数に並ぶ。

☎0467-22-4711 所鎌倉市佐助2-22-12
休境内自由 交JR鎌倉駅から徒歩20分
Pなし

↑鳥居の連なる参道を抜けると拝殿がある

↑陶製の小さな霊狐は2体1組 2500円

鎌倉ハイキング ②

葛原岡・大仏ハイキングコース経由
源氏山を越え長谷の大仏を目指す
げんじやま

史跡の多い源氏山周辺を抜けて大仏まで歩く。
緑に包まれた道程は起伏に富んだコースだ。

源氏山の自然に包まれ人気の寺社を巡る

　北鎌倉駅から源氏山を経由して長谷駅に至る約3kmのハイキングコース。花寺の浄智寺や金運アップの銭洗弁財天、高徳院の鎌倉大仏など、人気の有名寺社を巡ることができる。アップダウンの連続や急坂もある尾根筋の山道が続くが、開放感あふれる源氏山公園や素敵な森のカフェなどのご褒美も待っている。時折のぞかせる海や街の眺めもお見逃しなく。

⇧ 境内の奥からコースがスタート

⇧ 石段を上った先には中国風の鐘楼門がたたずむ

1 浄智寺
じょうちじ
北鎌倉 MAP 付録P.4 C-3

緑と花の禅宗寺院

阿弥陀、釈迦、弥勒の三世仏を祀る禅寺。境内の花々が美しい。
➡ P.52

3 葛原岡神社
くずはらおかじんじゃ
源氏山公園周辺 MAP 付録P.7 D-1

人気の縁結びスポット

後醍醐天皇の忠臣として鎌倉幕府討幕に活躍した日野俊基卿を祀る。大黒様を祀る縁結びスポットとしても知られる。土・日曜、祝日には名物玉こんにゃくの販売スポットも。

☎0467-45-9002　所鎌倉市梶原5-9-1　休無休　料拝観自由　交JR鎌倉駅から徒歩25分　P8台

2 天柱峰碑
てんちゅうほうひ
源氏山公園周辺 MAP 付録P.4 B-3

かつての景勝地に立つ石碑

天柱峰と呼ばれる山の頂に石塔と碑が立つ。元浄智寺住職の中国僧が、眺望の美しかったこの山に、中国の名峰の名をつけた。

⇦ 現在は木々に覆われている

⇧ 良縁を呼ぶさくら貝御守1500円。赤い糸を通した5円玉もいただける

⇧ 恋愛運アップが期待できる縁結び石

⇧ 境内にハート形の縁結び絵馬が並ぶ

歩く・観る ● 扇ガ谷・源氏山公園周辺

kamakura 24sekki C P.61

高徳院 6

光則寺 P.65
長谷寺 P.63

極楽寺駅
江ノ島電鉄

GOAL 長谷駅

60

ハイキングルート

北鎌倉駅
↓ 徒歩約8分
1 浄智寺　➡P.52
↓ 徒歩約12分
2 天柱峰碑
↓ 徒歩約8分
3 葛原岡神社
↓ 徒歩約5分
4 源氏山公園
↓ 徒歩約10分
5 銭洗弁財天 宇賀福神社　➡P.56
↓ 徒歩約25分
6 高徳院　➡P.62
↓ 徒歩約7分
長谷駅

歩き疲れたら、銭洗弁財天宇賀福神社から鎌倉駅へエスケープすることも可能。散策は無理せず、楽しみたい。時間に余裕のあるプランを立てよう。

※上記の「歩く時間」は神社仏閣／施設などの入口までの目安です。見学時間などは含みません。

4 源氏山公園
げんじやまこうえん

源氏山公園 MAP 付録P.7 E-2

芝生広場でのんびり休憩

源頼朝が山上に自軍の白旗を立て、平氏追討の戦勝祈願をしたとされる。桜や紅葉の名所に源頼朝像が立つ。テーブルとベンチがあるのでひと休みしたい。

☎0467-45-2750（鎌倉市公園協会）所鎌倉市扇ガ谷4-649-1 開休料入園自由 交JR鎌倉駅から徒歩30分 Pなし

↑鎌倉入りから800年目の昭和56年(1981)に造られた源頼朝像。像がある源氏山公園は桜の名所でもある

ひと休みスポット

自然素材に囲まれた、心安らぐカフェ
kamakura 24sekki
カマクラ ニジュウシセッキ

鎌倉の山あいにある、古民家を改築した週末オープンのベーカリーカフェ。卵や牛乳などの動物性食品を使わないオリジナルのパンを製造・販売する。自然に根ざした店づくりをポリシーに、カフェメニューにも自然栽培や有機栽培の野菜を使用。

MAP 付録P.6 B-3
☎0467-81-5004
所鎌倉市常盤923-8
営11:30～14:30（パンの販売11:00～16:30）
休月～木曜 交JR鎌倉駅から徒歩20分
P2台

↑カフェコーナーでは、蔵付き麹を使用したできたてパンと、こだわりの食材を使ったメニューが食べられる

5 銭洗弁財天 宇賀福神社
ぜにあらいべんざいてん うがふくじんじゃ

佐助 MAP 付録P.7 D-2

金運アップの弁天様を祀る

お金を清めると何倍にもお金が増えると伝わる銭洗水が湧く。　➡P.56

↑霊水の銭洗水が湧く奥宮

6 高徳院
こうとくいん

長谷 MAP 付録P.12 C-2

美形の大仏様がお出迎え

高さ約11.3mの露座の大仏が鎮座する。胎内を拝観しよう。
➡P.62

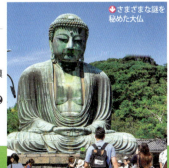

↑さまざまな謎を秘めた大仏

源氏山を越え長谷の大仏を目指す

長谷・由比ヶ浜
見どころが多く、海にも近い人気のエリア
(はせ・ゆいがはま)

江ノ電の極楽寺駅から由比ヶ浜駅までの間に広がるエリアで、大仏様に見守られ、多くの文人たちにも愛された街。鎌倉のなかでも特に名所や名刹が集中し、多くの観光客で賑わう。

仁王門
(におうもん)
参詣者を迎える仁王門。内部の一対の仁王像とともに、18世紀初頭に移築されたという。

海を望む露座の大仏
高徳院
(こうとくいん)

顔立ちの美しい阿弥陀如来坐像　今も多くの謎を秘めた巨大仏

高徳院に鎮座する鎌倉の大仏は、建長4年(1252)に造立開始、制作には僧・浄光が勧進した浄財があてられたとされている。開基や造営目的、現存の銅製大仏の完成年は不詳。大仏殿に安置されていたが、明応7年(1498)の大地震と津波で建物が倒壊して以降、露座の大仏となった。総高約13m、重さ121tは、奈良の大仏に次ぐ規模。鎌倉期の姿をとどめ、神奈川唯一の国宝仏に指定された。胎内を拝観できる。

MAP 付録P.12 C-2

☎0467-22-0703　所鎌倉市長谷4-2-28　開8:00～17:15(10～3月は～16:45)　休無休　料300円(内部拝観別途20円)　交江ノ電・長谷駅から徒歩7分　P なし

肉けい
頭頂部の一段高い盛り上がり部分のこと。知恵が多く、脳が大きい証し。

目
まぶたが顔面と垂直で伏し目がち。見上げる参拝客と目が合うのが特徴。

耳
長さ1.9m。耳たぶが肩近くまであり、穴が開いているのが仏様の特徴。

→姿は鎌倉期らしい仏像の特徴を備える

手
両手を合わせたポーズ(印相)は、最高の悟りの状態。阿弥陀如来の特徴。

お守りをチェック
心願成就御守り
かわいい大仏様が入った心願成就のお守り。400円

開運木札ストラップ つげ彫り
小さな木に大仏様が描かれている。400円

↑回廊の大わらじは茨城県の児童が寄進

←大仏を詠んだ与謝野晶子の歌碑が立つ

歩く・観る●長谷・由比ヶ浜

↑一年中美しい花が咲くことから「鎌倉の西方極楽浄土」と呼ばれる

四季の花が彩る名刹
長谷寺
はせでら

存在感のある壮大な観音様
散策が楽しい絶景の花寺

　天平8年(736)に、奈良の長谷寺と同じ徳道上人が開山したと伝わる単立寺院。寺域は、観音山の麓の下境内と中腹の上境内に分かれる。下境内の回遊式庭園を通って階段を上れば、主要堂宇の並ぶ上境内。観音堂には、日本最大級の木造仏の本尊・十一面観音菩薩像を安置する。季節の花々が咲く花寺としても知られる長谷寺。初夏には眺望散策路に約2500株のアジサイが色鮮やかに咲き誇る。街と海を一望できる見晴台からの絶景も見逃せない。

MAP 付録P.12 B-3
☎0467-22-6300 所鎌倉市長谷3-11-2 営8:00〜17:00(10〜2月は〜16:30) 休無休(観音ミュージアムは臨時休館あり) 料400円(観音ミュージアムは別途300円) 交江ノ電・長谷駅から徒歩5分 Pあり

お守りをチェック
十一面観音守り(左)
身代わり・心願成就・厄除けのお守り。1000円
願い叶う守り(右)
一(いち)と五(ご)で十分なご利益があるそう。600円

観音堂
かんのんどう
本尊の十一面観音菩薩像を安置。関東大震災で堂宇は大きな被害を受け、本尊を守るために丈夫な鉄筋製で再建された。本尊の造立年は養老5年(721)と伝わるが、現存する本尊の制作年は不詳だ。

地蔵堂
じぞうどう
子安・繁栄にご利益があるという福寿地蔵を祀る。近くに千体地蔵が並ぶ。

阿弥陀堂
あみだどう
源頼朝が42歳の厄除けに建立したと伝わる阿弥陀如来像を安置する。高さ2.8mで鎌倉六阿弥陀のひとつ。

経蔵
きょうぞう
一回転させると功徳を得られるという輪蔵(回転式書架)があり、縁日(毎月18日)など特別日のみ回せる。

見晴台
みはらしだい
鎌倉の街や由比ヶ浜から遠く三浦海岸まで見晴らせる。ベンチがあるのでゆっくりと休憩できる。

観音ミュージアム
かんのんミュージアム
2015年10月に宝物館をリニューアル。彫刻や縁起絵巻など、仏教美術や文化財を展示(別料金)。文永元年(1264)の梵鐘も展示されている。

高徳院　長谷寺

極楽寺から由比ヶ浜へ
切通しを抜け 大仏に会いに

小さいながらも個性的な寺社が数多い地域。江ノ電沿いの風景はドラマや映画の舞台になるなど、撮影スポットとしても人気だ。

潮風を感じながら緑のなかを歩き、花寺や文学の地を巡る

鎌倉のシンボルとして有名な大仏様が鎮座する高徳院を中心に、花の寺・光則寺や成就院など見どころが点在。文学館では鎌倉を愛した文人たちの遺品などが見られる。

⇨ 鎌倉七口のひとつ、極楽寺坂切通し

⇨ 長谷駅と極楽寺駅の間に位置する御霊神社の参道前を走る江ノ電

1 鎌倉で唯一の真言律宗寺院
極楽寺
ごくらくじ
MAP 付録P.12A-4

鎌倉中期創建とされ、開山の僧・忍性が建てた貧民救済の病院や療養所があった。春には、北条時宗お手植えと伝わる八重一重咲き分け桜が咲く。

☎0467-22-3402 所鎌倉市極楽寺3-6-7 開9:00～16:30、宝物殿10:00～16:00 休無休（宝物殿は4月25日～5月25日、10月25日～11月25日の火・木・土・日曜のみ開館、雨天休）料拝観無料、宝物殿300円 交江ノ電・極楽寺駅から徒歩2分 Pなし

⇨ 茅葺きの山門が迎える。境内は撮影写生禁止

2 縁結びのお不動さんが本尊
成就院
じょうじゅいん
MAP 付録P.12A-4

鎌倉前期、空海が護摩修法を納めた伝説地に北条泰時が創建。本尊の不動明王は、恋人と腕を組むような形から縁結びのお不動さんと呼ばれる。

☎0467-22-3401 所鎌倉市極楽寺1-1-5 開8:00～17:00 休無休 料志納 交江ノ電・極楽寺駅から徒歩5分 Pなし

⇨ 本尊は非公開だが御身影が境内に立つ

⇨ 縁結びのパワースポットとして知られる不動明王像

3 平安期の武勇伝の人物を祀る
御霊神社
ごりょうじんじゃ
MAP 付録P.12B-3

後三年の役で、左目に矢を受けながら奮戦した平安後期の武将・鎌倉権五郎景正を祀る。独特の面をつけて練り歩く9月18日の面掛行列が有名。

☎0467-22-3251 所鎌倉市坂ノ下3-17 休拝観自由 料無料（宝物殿100円）交江ノ電・長谷駅から徒歩5分 Pなし

⇨ 多くの境内社が立ち並ぶ

4 日本最大級の木造観音様
長谷寺 ⇨ P.63
はせでら

→ 由比ヶ浜海岸は、夏は若者たちや家族連れで賑わう人気のビーチ

5 草花や樹木が豊富な花寺
光則寺
こうそくじ

MAP 付録P.12 B-3

北条時頼の家臣・宿屋光則が日蓮の弟子を幽閉し、のちに日蓮宗に帰依して創建。裏山に幽閉した土牢が残る。

☎0467-22-2077 所鎌倉市長谷3-9-7 開8:00~17:00 休無休 料100円 交江ノ電・長谷駅から徒歩6分 Pなし

↑本堂前の樹齢約200年のカイドウが見事

6 数多の謎を秘めた巨大仏
高徳院 ➡P.62
こうとくいん

8 鎌倉文学を展示する洋館
鎌倉文学館 ➡P.107
かまくらぶんがくかん

7 由比ヶ浜を眺望する神社
甘縄神明神社
あまなわしんめいじんじゃ

MAP 付録P.12 C-2

和銅3年(710)創建の鎌倉最古の神社。源頼義が祈願し義家を授かったことから子宝のご利益もあるとされる。

☎0467-61-3884(鎌倉市観光課) 所鎌倉市長谷1-12-1 休無休 料境内自由 交江ノ電・長谷駅から徒歩10分 Pなし

↑高台にある境内は眺めも素晴らしい

歩く時間 ◆ 約1時間
さんぽコース

極楽寺駅
↓ 徒歩約2分
1 極楽寺
↓ 徒歩約3分
2 成就院
↓ 徒歩約6分
3 御霊神社
↓ 徒歩約10分
4 長谷寺 ➡P.63
↓ 徒歩約6分
5 光則寺
↓ 徒歩約8分
6 高徳院 ➡P.62
↓ 徒歩約8分
7 甘縄神明神社
↓ 徒歩約6分
8 鎌倉文学館 ➡P.107
↓ 徒歩約7分
由比ヶ浜駅

※上記の「歩く時間」は神社仏閣／施設などの入口までの目安です。見学時間などは含みません。

切通しを抜け大仏に会いに行く

鎌倉最古の寺院・杉本寺がある、歴史のある地域

二階堂・金沢街道周辺

にかいどう・かなざわかいどうしゅうへん

報国寺の幻想的な竹林、浄妙寺の枯山水庭園など、非日常を感じさせる名刹へ。北条義時らゆかりの地も点在し、紅葉シーズンは特に多くの観光客で賑わう。

歩く・観る ●二階堂・金沢街道周辺

1000本を超す見事な竹林

報国寺
ほうこくじ

足利氏と上杉氏の菩提寺
竹林に心癒やされる「竹の寺」

　建武元年(1334)に足利尊氏の祖父・家時が開いたとされる臨済宗寺院。本堂奥には1000本以上の孟宗竹が群生する竹林庭が広がる。抹茶をいただきながら、幽玄な気配漂う竹の庭を見物できる。毎週日曜には、初心者でも受けられる本格的な坐禅会を開催している。

MAP 付録P.11 D-4
☎ 0467-22-0762　所鎌倉市浄明寺2-7-4
営 9:00～16:00　休無休　料無料(竹庭入園300円)
交浄明寺バス停から徒歩3分
P 5台

石庭
せきてい

迦葉堂前にある枯山水庭園。寺の開山・天岸慧広が作庭したとされる庭を復元。竹庭とはまったく異なる趣だ。

本堂
ほんどう

鎌倉時代の本尊を安置。寺に頻繁に訪れた川端康成が、小説『山の音』の執筆で使用した文机が残る。

竹庭
ちくてい

竹林のそこかしこに、苔むした石塔や名石が点在。茶席から眺め、庭を歩いて、竹林が醸す独特の世界を満喫したい。

鐘楼
しょうろう

分厚い茅葺き屋根が古風。裏手には、鎌倉攻めの戦没者の慰霊塚や無縁仏の五輪塔などが祀られている。

足利一族の墓
あしかがいちぞくのはか

裏山の岩肌を掘った横穴に、寺で自害した足利義久ら、足利氏一族のものと伝わる墳墓が残されている。

↑ 春になると参道が桜で美しく彩られる

鎌倉五山第五位の名刹
浄妙寺
じょうみょうじ

抹茶と枯山水で和の情緒に浸る足利氏にゆかりの深い禅宗寺院

　文治4年(1188)に創建された密教寺院極楽寺を臨済宗に改宗し、寺名も浄妙寺に改名。鎌倉五山第五位を誇り、多くの塔頭を有する大寺院だった。足利尊氏の父・貞氏が中興開基し、室町時代に隆盛を極めた。本堂裏の墓地には、貞氏の墓と伝わる宝篋印塔がある。白砂が美しい枯山水の庭で知られ、風雅な茶室から侘び寂びの世界を堪能できる。

MAP 付録P.11 D-3

☎0467-22-2818　所鎌倉市浄明寺3-8-31　開9:00～16:30　休無休　料100円　交浄明寺バス停から徒歩2分　Pあり

本堂
ほんどう

宝暦6年(1756)の再建。本尊の釈迦如来像、婦人病にご利益があるとされる淡島明神を祀る。

枯山水庭園
かれさんすいていえん

砂や石で山水風景を表現した典型的な枯山水庭園。茶席・喜泉庵の縁側から眺める景色が素晴らしい。

↑ 茶席・喜泉庵では抹茶、落雁のセット660円を味わえる

ひと休みスポット
境内にある瀟洒な洋館レストラン
石窯ガーデンテラス
いしがまガーデンテラス

鎌倉の地野菜をたっぷり使った料理が好評。目の前にはイングリッシュガーデンが広がり、特にテラス席からの眺めは素晴らしい。

MAP 付録P.11 D-3

☎0467-22-8851　所鎌倉市浄明寺3-8-50(浄妙寺境内)　営10:00～17:00(LO16:00、季節により変動あり)　休月曜(祝日の場合は翌日)　交浄明寺バス停から徒歩5分　Pあり

↑ ゆっくり焼き上げたふわふわのキッシュ(手前)、石窯で焼いた香ばしいパン(奥)

足利一族の墓
あしかがいちぞくのはか

足利貞氏のものとされる墓(宝篋印塔)。塔の宝生如来の浮き彫りが見られる。

鎌足稲荷神社
かまたりいなりじんじゃ

藤原鎌足が夢に現れた老人の導きで、鎌槍を埋めたとされる地に建立。鎌倉の語源が生まれた伝説の地。

報国寺　浄妙寺

喧騒を離れ、古道を行く
山あいにたたずむ神社仏閣へ

鎌倉と金沢文庫を結ぶ街道沿いには、重要な神社仏閣が点在。山に近い覚園寺や瑞泉寺などは、新緑や紅葉が見事だ。

深く深く、鎌倉の奥へ 静寂が景観美を盛り立てる

森の中へ足を踏み入れると、花や紅葉、庭園など、美しい景観を誇る寺社がひっそりたたずむ。苔むした石段や重厚な建築に歴史の重みを感じながら散策を楽しみたい。

↑周囲を山と緑に包まれた鎌倉宮。観光客もさほど多くなく、ゆったりとした空気が流れる

↑釈迦堂切通し。3代執権・北条泰時が建てた釈迦堂があった。現在は、崖崩れの恐れがあり、通り抜けできない

歩く・観る ●二階堂・金沢街道周辺

1 学問の神様に絵馬を奉納
荏柄天神社
えがらてんじんしゃ
MAP 付録P.10 B-2

京都の北野天満宮、福岡の太宰府天満宮とともに日本三古天神と呼ばれ、学問の神様・菅原道真公を祀る。漫画家154人のカッパの絵をレリーフにした絵筆塚があるほか、樹齢900年を超える御神木の大銀杏が育つ。

☎0467-25-1772 所鎌倉市二階堂74 営8:30〜16:30 料無料 交天神前バス停から徒歩1分 Pなし

↑1月の初天神祭（筆供養）

↑たくさんの奉納絵馬で覆われた本殿

2 中世鎌倉を体感し参拝
覚園寺
かくおんじ
MAP 付録P.10 B-1

建保6年(1218)、北条義時が建てた大倉薬師堂が起源。鎌倉・室町期の堂宇や仏像を参拝でき、中世鎌倉を体感できる。

☎0467-22-1195 所鎌倉市二階堂421 営10:00〜15:00の間1時間ごとに実施（平日12:00はなし） 休雨天荒天時、8月、12月20日〜1月7日 料拝観ツアー500円、小・中学生200円 交大塔宮バス停から徒歩8分 Pなし

↑紅葉のシーズンはひときわ美しい

3 後醍醐天皇の皇子を祀る
鎌倉宮
かまくらぐう
MAP 付録P.10 C-2

足利尊氏の謀略によりこの地に幽閉された護良親王を祀るため、明治2年(1869)に明治天皇が創建。親王が幽閉生活を送った土牢が今も残る。

☎0467-22-0318 所鎌倉市二階堂154 営9:30〜16:30(入場は各30分前まで) 休無休 料無料(土牢・宝物殿300円) 交大塔宮バス停から徒歩1分 Pあり

↑護良親王馬上像などが置かれている宝物殿

↑社殿の裏手には、護良親王が幽閉された土牢が、今も当時のまま残されている

4 庭も必見の花と紅葉の名所

瑞泉寺
ずいせんじ

MAP 付録P.11 E-2

紅葉や季節の花に恵まれた紅葉ヶ谷にある。鎌倉後期に夢窓疎石が開山し、鎌倉公方の菩提所となった。崖を巧みに利用した疎石の岩庭は国の名勝。

☎0467-22-1191 所鎌倉市二階堂710 開9:00～17:00(入山は～16:30) 休無休 料200円 交大塔宮バス停から徒歩15分 Pなし

↑岩窟が掘られた野趣あふれる往時の岩庭が復元されている

5 奈良時代創建の鎌倉最古の寺

杉本寺
すぎもとでら

MAP 付録P.10 C-3

天平6年(734)に行基が創建。南北朝時代に北畠顕家が鎌倉を攻めた際、この地で多くの足利軍兵士が戦死。慰霊の五輪塔群が立つ。

☎0467-22-3463 所鎌倉市二階堂903 開9:00～15:00(土・日曜、祝日は～16:00) 休無休 料入山料300円 交杉本観音バス停から徒歩1分

↑茅葺き屋根の本堂に十一面観音像を祀る

山あいにたたずむ神社仏閣へ

歩く時間◆約1時間20分

さんぽコース

天神前バス停
↓ 徒歩約1分
1 荏柄天神社
↓ 徒歩約13分
2 覚園寺
↓ 徒歩約10分
3 鎌倉宮
↓ 徒歩約16分
4 瑞泉寺
↓ 徒歩約25分
5 杉本寺
↓ 徒歩約7分
6 浄妙寺　➡P.67
↓ 徒歩約5分
7 報国寺　➡P.66
↓ 徒歩約3分
浄明寺バス停

※上記の「歩く時間」は神社仏閣／施設などの入口までの目安です。見学時間などは含みません。

潮風薫る海辺の街は、どこか明るく開放的
大町・材木座
おおまち・ざいもくざ

▶光明寺裏山の天照山の中腹からは、寺の伽藍や海が一望でき、「かながわの景勝50選」にも選ばれた。北条経時の墓所もある

鎌倉時代に商業の中心地として栄えた。大町は日蓮が鎌倉入りして初めて草庵を結んだ場所でもあり、材木座地域とともに日蓮ゆかりの寺院・史跡が多く残る。

歩く・観る ● 大町・材木座

浄土宗の大本山
光明寺
こうみょうじ

歴代執権の保護を受けた念仏道場

4代執権・北条経時が、浄土宗第三祖・然阿良忠を開山に招いて寛元元年(1243)に創建。関東の念仏道場の中心として栄えた浄土宗の大本山だ。威風堂々たる山門は、鎌倉最大級の規模。奥に建つ大殿(本堂)も、鎌倉の木造古建築で最大規模を誇る。夏に満開になる蓮や、小堀遠州ゆかりの記主庭園も楽しみたい。

MAP 付録P.15 D-4
☎0467-22-0603 ㊙鎌倉市材木座6-17-19
⏰6:00〜17:00 冬季7:00〜16:00 ㊡無休
㊙志納 🚌光明寺バス停から徒歩1分 Ⓟあり

山門
さんもん

高さ20m、間口16mもある鎌倉最大級の門。江戸後期の造営で、1層が和風、2層が中国風の建築様式。花見の時期とお十夜の日は上階に上れる。

大殿(本堂)
たいでん(ほんどう)

元禄11年(1698)の建立。幅、奥行きともに約25mで、鎌倉に現存する木造の古建築では最大級。※2021年3月現在改修工事中。桜も一部のみ観覧可

記主庭園
きしゅていえん

江戸の作庭家・小堀遠州ゆかりの池泉式庭園。7月中旬〜8月中旬頃には、古代蓮の花が池の水面を幻想的に彩る。

内藤家墓所
ないとうけぼしょ

鎌倉市指定史跡。日向国延岡藩の城主・内藤家の歴代墓地で、江戸時代初期以来代々のものが一墓地に建立されている。

祖師堂
そしどう

脇に張り出した急傾斜の大屋根が圧倒的な存在感を示す。鎌倉最大の規模を誇る仏堂に日蓮聖人と門弟の日朗聖人、日輪聖人を祀る。

➡祖師堂前に植えられたカイドウ。春にはピンクの花が咲く

深い緑に抱かれた名刹

妙本寺
みょうほんじ

権力の狭間で滅んだ比企家を祀る日蓮宗最古の寺院

　比企の乱で北条時政に謀殺された比企能員の屋敷跡。子の能本公が一族の菩提を弔うため、日蓮聖人を招いて文応元年(1260)に創建。比企家の悲運の歴史を伝える供養塔や塚が点在。日蓮宗の開祖・日蓮聖人を祀る祖師堂の大屋根、緑や紅葉に映える二天門が、名刹としての風格を見せる。

MAP 付録P.9 D-4
☎0467-22-0777　所鎌倉市大町1-15-1　開10:00～16:00頃　休無休　料志納　交JR鎌倉駅から徒歩10分　Pなし

総門
そうもん

比企谷幼稚園の横、境内入口に建つ四脚門。現在の門は、関東大震災で倒壊した2年後の大正14年(1925)に再建された。

二天門
にてんもん

江戸後期建立。仏教四天王のうち持国天と毘沙門天の二天を安置。脇の大カエデとの競演や極彩色の龍の彫刻が素晴らしい。

比企一族の墓
ひきいちぞくのはか

北条時政が権力保持のため比企能員を謀殺。この比企の乱で比企家は滅亡した。祖師堂の傍らに4基の五輪塔が並ぶ。

蛇苦止堂
じゃくしどう

比企の乱で池に身を投げ蛇神となった比企能員の娘・讃岐局。その怨念を日蓮聖人が成仏させ、蛇苦止大明神として祀った。

光明寺／妙本寺

かつての賑わいを偲んで
海辺に近い素朴な街を歩く

日蓮ゆかりの史跡と、商いで栄えた跡をたどるのが観光の王道。観光客は少なめで、休日でも比較的のびのび散策できる。

まったりとした雰囲気のなか 日蓮と鎌倉の歴史に出会う

若宮大路から海に続くエリア。路地に入ると、閑静な住宅街が広がる。住宅街を抜けてそのまま歩いて行くと、海までの道すがらに日蓮宗の布教の足跡をたどることができる。

→どこにあるのか説明が必要な日蓮乞水。鎌倉五名水のひとつ

歩く・観る●大町・材木座

1 佐渡帰りの日蓮大聖人が滞在
本覚寺
ほんがくじ

MAP 付録P.8 C-4

2代目住職・日朝上人が自身の眼病を克服したところから眼病平癒の「日朝さま」と親しまれる。身延山から日蓮の遺骨の一部を納めた分骨堂が建つ。

☎0467-22-0490 所鎌倉市小町1-12-12 開休拝観自由 交JR鎌倉駅から徒歩5分 Pなし

↑本堂前のサルスベリが夏に赤い花を咲かせる

2 最古の日蓮宗寺院
妙本寺 →P.71
みょうほんじ

4 政子ゆかりのつつじ寺
安養院
あんようい ん

MAP 付録P.15 D-1

この地に建っていた善導寺を、北条政子が頼朝の菩提寺である笹目ヶ谷の長楽寺に統合。鎌倉最古の宝篋印塔がある。境内一帯にツツジが花咲く。

☎0467-22-0806 所鎌倉市大町3-1-22 開8:00~16:30 休7月8日、12月29~31日 料100円 交JR鎌倉駅から徒歩12分 Pあり

↑本堂側にはオオムラサキツツジが咲き誇る

↑安養院のツツジの見頃はGW前後。美しく刈り込まれた緑にピンクの花が際立つ

3 日蓮聖人を救った尼の屋敷跡
常栄寺
じょうえいじ

MAP 付録P.15 D-1

刑場へ向かう日蓮に、信者の桟敷尼がぼた餅を捧げたところ、日蓮は処刑を免れたという。その法難があった9月12日、寺でぼた餅の接待をする。

☎0467-22-4570 所鎌倉市大町1-12-11 開6:00~17:00 休無休 料無料 交JR鎌倉駅から徒歩10分 Pなし

→寺は江戸初期に創建。通称「ぼたもち寺」

5 日蓮の聖地に建つ苔寺
妙法寺
みょうほうじ

MAP 付録P.15 E-2

日蓮が建長5年(1253)に鎌倉で最初に結んだ草庵跡とされる。草庵はその7年後に焼き討ちされた。南北朝期に護良親王の子・日叡が再興した。

☎0467-22-5813 所鎌倉市大町4-7-4 開9:30～16:30 休12月初旬～3月中旬、7月初旬～9月中旬の平日、雨天時 料300円 交JR鎌倉駅から徒歩18分 Pなし

↑夏季と冬季の平日は草庵跡・苔石段は参拝できない

6 日蓮ゆかりの史跡が多く残る
安国論寺
あんこくろんじ

MAP 付録P.15 E-2

妙法寺と同じく、日蓮最初の草庵跡とされる。日蓮が『立正安国論』を執筆した岩窟のほか、焼き討ちの際に難を逃れた南面窟、法華経を唱えた富士見台などがある。サザンカや妙法桜のほか、四季折々の花も魅力。

☎0467-22-4825 所鎌倉市大町4-4-18 開9:00～16:30 休月曜(祝日の場合は開門) 料100円 交JR鎌倉駅から徒歩15分 Pなし

↑日蓮が白猿に導かれて焼き討ちの難を逃れたという南面窟

7 壮大な浄土宗大本山
光明寺 ➡P.70
こうみょうじ

日蓮が歩んだ多難な人生

承久4年(1222)に、現在の千葉県鴨川市に生まれた日蓮は、16歳で出家したのち、各地で仏教を学ぶ。故郷に戻ると、建長5年(1253)に日蓮宗を開宗。同年、鎌倉へ移り、松葉ヶ谷の草庵を拠点に辻説法を行った。天変地異や疫病が相次いでいた文応元年(1260)、日蓮は前執権・時頼に『立正安国論』を呈上。「法華経を信仰して国家を安穏にしよう」と訴えた。他宗派を批判したことで幕府の怒りをかい、日蓮はたびたび襲撃され、斬首の危機に見舞われたり、伊豆や佐渡へ流罪となってしまう。文永11年(1274)の赦免後は身延山に入山。弘安5年(1282)に61歳で入滅した。

歩く時間◆約1時間
さんぽコース

鎌倉駅
↓ 徒歩約5分
1 本覚寺
↓ 徒歩約5分
2 妙本寺　➡P.71
↓ 徒歩約5分
3 常栄寺
↓ 徒歩約5分
4 安養院
↓ 徒歩約7分
5 妙法寺
↓ 徒歩約4分
6 安国論寺
↓ 徒歩約25分
7 光明寺　➡P.70
↓ 徒歩約1分
光明寺バス停

※上記の「歩く時間」は神社仏閣／施設などの入口までの目安です。見学時間などは含みません。

海辺に近い素朴な街を歩く

潮風が心地よいシーサイドエリア

稲村ヶ崎・七里ヶ浜
いなむらがさき・しちりがはま

眺望が見事な海辺の街。富士山や伊豆半島まで見渡せる。海沿いに延びる国道134号は絶好のドライブルートで、絶景を望むレストランも点在する。

歩く・観る ●稲村ヶ崎・七里ヶ浜

鎌倉時代の戦いの跡が残る
湘南きっての景勝スポット
稲村ヶ崎
いなむらがさき
MAP 付録P.19 E-4

湘南随一の景勝を誇るサーファーのメッカ。鎌倉末期の古戦場としても知られている。新田義貞が鎌倉攻めの際、稲村ヶ崎の海に太刀を投げ入れたところ潮が引き、崖下の海岸を通って鎌倉に進軍したとの伝説が残る。七里ヶ浜西の腰越は、源義経と頼朝の兄弟の確執を物語る地で、歴史的な寺社が多い。

☎0467-45-2750(鎌倉市公園協会)
㊟鎌倉市稲村ガ崎1(稲村ヶ崎公園内)
㊡休㊙入園自由 ㊋江ノ電・稲村ヶ崎駅から徒歩3分 Ⓟなし

⬆稲穂を積んだ稲叢(いなむら)に見えるのが、稲村ヶ崎の名の由来

⬆稲村ヶ崎から望む夕景の江の島。天気がいいと富士山もよく見える

人気の撮影スポットへ行こう
七高通り
ななこうどおり
MAP 付録P.18 C-3

坂の上から江ノ電や海を見下ろす。望遠レンズで撮影すれば背後に海が迫り、より臨場感が出る。終日逆光気味だが、午後は完全な逆光になるので注意。

歴史にその名を刻む寺社仏閣たち
腰越周辺の古刹をめぐる

義経の腰越状で知られる満福寺をはじめ、
鎌倉の歴史を知るうえで重要なスポットが点在している。

↑江ノ電の踏切を渡り石段を上ると満福寺

江の島を望む崖上の神社
小動神社
こゆるぎじんじゃ

腰越 MAP 付録P.17 D-3

新田義貞が鎌倉攻めの戦勝祈願をし、討幕後に太刀と黄金を寄進したと伝えられる。断崖上の境内にある展望台からは眺望抜群で、江の島を見晴らせる。

☎0467-31-4566 所鎌倉市腰越2-9-12 開休
料境内自由 交江ノ電・腰越駅から徒歩5分
Pなし

↑鎌倉初期の創建。景勝地の小動崎に建つ

兄に拒絶された義経が滞在
満福寺
まんぷくじ

腰越 MAP 付録P.17 E-2

源 義経が壇ノ浦の帰り、兄・頼朝に鎌倉入りを禁じられ留まった寺。義経が和解を求めて記した書状「腰越状」の弁慶筆とされる下書きが残る。

☎0467-31-3612 所鎌倉市腰越2-4-8 営9:00～17:00 休無休 料200円 交江ノ電・腰越駅から徒歩3分 Pあり

↑本堂前に、腰越状の下書きをする弁慶と義経の石像が立つ

日蓮聖人法難の地の椿寺
龍口寺
りゅうこうじ

片瀬 MAP 付録P.17 D-2

日蓮聖人が処刑を免れた龍口刑場の跡地。弟子の日法が延元2年(1337)に草庵を建てたのが起源。初春には境内や裏山に椿が咲く。

☎0466-25-7357 所藤沢市片瀬3-13-37 営9:30～16:00 休無休 料無料 交江ノ電・江ノ島駅から徒歩5分 Pなし

↑木造欅造りの五重塔は神奈川県唯一

↑仁王門手前には龍口刑場跡の碑が立つ

稲村ヶ崎／腰越周辺の古刹をめぐる

散策途中に立ち寄って　湘南きっての絶景を楽しむ

相模湾を望む

アボカドハンバーグ with ジンジャーソース 1650円
ビーフ100%のハンバーグとアボカドが絶妙。サラダ、ライス、ドリンク付きで、ライスは白米か十六穀米のどちらかを選べる。写真のドリンクは、甘酸っぱいモラジュース（追加200円）

ピッツァ デラセーラ 1826円
パリッと薄い生地の上に新鮮なトマトとチーズがたっぷり

青の洞窟 836円
イタリアの青の洞窟をイメージしたオリジナルカクテル

歩く・観る ●稲村ヶ崎・七里ヶ浜

穏やかな空気感に包まれて海を眺めながらリラックス

Double Doors 七里ガ浜
ダブル ドアーズ しちりがはま

七里ヶ浜　MAP 付録P.18 C-3

アンティーク家具や雑貨を配した店内は、ゆったりと時間が流れる心地よい雰囲気。窓の外には七里ヶ浜の海が広がり、特に夕暮れどきの景色は格別だ。昼は、ハンバーグやパスタなどのセットメニューが人気で、サラダのドレッシングもすべて手作り。夜はのんびりお酒を楽しみたい。

☎0467-33-1593
所 鎌倉市七里ガ浜東2-2-2
営 11:00～22:00(LO21:00)
休 無休
交 江ノ電・七里ヶ浜駅から徒歩2分
P なし

予約 可(季節により条件あり)
予算 L 1500円～／D 3000円～

崖上のテラス席から見渡す180度の絶景パノラマ

Amalfi DELLA SERA
アマルフィ デラ セーラ

七里ヶ浜　MAP 付録P.18 B-3

江ノ電の線路を横切り、細い階段を上って行くと、突如現れる絶景レストラン。視界を遮るものは何もなく、眼下に広がる雄大な海は息をのむほど美しい。料理は、地元の素材を取り入れた気取らないイタリアン。石窯で焼き上げるピザをはじめ、前菜、サラダ、パスタなどが揃う。

☎0467-32-2001
所 鎌倉市七里ガ浜1-5-10
営 11:00(土・日曜、祝日10:30)～22:00 (LO21:00) ※天候により変更の場合あり
休 1月1日　交 江ノ電・七里ヶ浜駅から徒歩5分　P あり

予約 応相談
予算 L 2000円～／D 3000円～

週末は長い行列ができる人気店

↑波音が響くテラス席。海辺のリゾートを訪れた気分でくつろげる
↑大きな窓から海を望む。愛犬連れも全席OK

○晴れた日は、富士山や大島を一望できる

76

目の前に海が広がる素敵なレストラン。
味も雰囲気も抜群なお店を厳選紹介です。

贅沢な食卓

フルコースランチ6160円
牛ロース肉のロティ 赤ワインソース（上）、白身魚のパヴェ バルサミコクリーム（左下）、おすすめのスイーツ盛り合わせ（右下）。ほかオードブル盛り合わせ、本日のスープ、パン、コーヒーが付く。どの料理も素材の味を引き立てたシェフこだわりの味 ※メニューは一例

イカ墨のスパゲッティ 1200円（税別）
創業時から不動の人気を誇る一品。細めのパスタに濃厚なイカ墨がしっかり絡んでいて美味

40年にわたって愛される海沿いの老舗イタリアン
TAVERNA RONDINO
タベルナ ロンディーノ

稲村ヶ崎　MAP 付録P.19 E-4

昭和55年（1980）のオープン以来、本場イタリアの味を提供し続ける名店。まるで地中海にたたずむレストランのような雰囲気で、長年通う常連客も多い。創業当時からの定番料理のほか、旬の魚介を使った季節メニューも評判。1階では気軽にアラカルト、2階ではコース料理が味わえる。

☎ 0467-25-4355
所 鎌倉市稲村ガ崎2-6-11
営 1階11:30～21:30(LO21:00) 2階11:30～15:00(LO14:00) 17:00～21:00(LO20:00)
休 不定休　交 江ノ電・稲村ヶ崎駅から徒歩1分　P あり

予約 可(1階の土・日曜、祝日は予約不可)
予算 L 2200円～ D 3500円～

大きな窓一面に広がる紺碧の美しい海に感動
レストラン ル・トリアノン

七里ヶ浜　MAP 付録P.18 C-3

どこまでも続く水平線を眺めながら、本格的なフランス料理をカジュアルに楽しめる。鎌倉野菜など地の食材を生かした料理は、ホテルならではの洗練された味わいだ。デザートやコーヒーまで堪能できるランチコースがおすすめで、ゆっくりとしたひとときを過ごせる。

☎ 0467-32-1111
所 鎌倉市七里ガ浜東1-2-18 鎌倉プリンスホテル2F　営 7:00～10:00(LO9:30) 11:30～15:00(LO14:30) 17:00～20:30(LO20:00)
休 無休　交 江ノ電・七里ヶ浜駅から徒歩8分
P あり

予約 望ましい
予算 B 2500円～ L 3850円～ D 6160円～

相模湾を望む贅沢な食卓

国道134号沿いの黄色い建物（上）。海のイメージの明るい店内（下）

眺望抜群のテラス席は、潮風と陽光が心地よい

高台から相模湾を望む最高の立地

77

湘南のシンボル、江の島を遊ぶ
江の島・片瀬海岸
えのしま・かたせかいがん

かつて「絵のように美しい島」と謳われた江の島。島内にはパワースポットとして人気の江島神社や、展望灯台、自然が生み出した洞窟などがあり、訪れる人を魅了している。

参拝のあとはグルメを楽しむ
江の島
えのしま

史跡や景勝地に恵まれた伝説地 見どころ豊富な観光アイランド

鎌倉にはその昔、悪行を重ねる五頭龍がいたが、天女に恋をして改心したという五頭龍伝説が残されている。天女は弁財天として江の島の岩屋に祀られ、江の島信仰の起源となった。鎌倉時代には、源頼朝が江島神社を創建。江戸時代になると、参拝を兼ねた物見遊山の庶民らで江の島は大いに賑わったという。今では水族館などの観光スポットや景勝地、信仰と伝説の跡など、多くの見どころが用意された観光地として人気が高い。

歩く・観る●江の島・片瀬海岸

観光information

江の島エスカー
標高差46m、全長106mを3区4連のエスカレーターでつないでいる。9:00〜19:05 無休 360円、小学生180円

江の島1dayパスポート eno=pass
江の島の主要スポットの入場券がセットになったチケット。江の島エスカー、江の島サムエル・コッキング苑、江の島シーキャンドル（展望灯台）、江の島岩屋が1日に何度でも楽しめる。1000円、小学生500円
販売場所 片瀬江の島観光案内所／藤沢市観光センター／江の島エスカー乗り場（1区窓口） ※荒天やイベント開催などにより取扱中止の場合あり

江の島シーキャンドル
えのしまシーキャンドル
海抜約100mの展望フロアからは360度の絶景が見渡せる。

稚児ヶ淵
ちごがふち
磯に下りることができる。夕景がきれいなロケーション。

江の島岩屋
えのしまいわや
海水浸食によりできたといわれている洞窟。

こちらも立ち寄って！
2つの人気大型スポット

↑イルカとアシカの
ショーは毎日2～4回

相模湾の2万匹の魚が泳ぐ
新江ノ島水族館
しんえのしますいぞくかん

相模湾の海中世界を再現した大水槽や幻想的なクラゲ水槽、ウミガメの浜辺など工夫を凝らした多彩な展示が魅力。イルカのショーやペンギン・アザラシ、人気のコツメカワウソやカピバラにも会える。

MAP 付録P.16 B-2
☎0466-29-9960　所藤沢市片瀬海岸2-19-1
営9:00～17:00（入場は～16:00）※変動あり　休無休（臨時休館日あり）　料2500円　交江ノ電・江ノ島駅から徒歩10分　Pなし

↑相模湾の海中を再現した大水槽。約8000匹のマイワシの大群は圧巻

↑お風呂やスパプールからの眺望が素晴らしい

江の島唯一の天然温泉&スパ
江の島アイランドスパ
えのしまアイランドスパ

地下1500mから湧出する天然温泉、富士山を望む絶景プールのほか展望レストラン、ボディトリートメントなどが揃う。

MAP 付録P.17 F-3
☎0466-29-0688　所藤沢市江の島2-1-6　営12:00～20:30（最終受付19:30、プールエリアの営業は～20:00）　休木曜（10～3月は月・木曜、ほか5月と12月にメンテナンス休館あり）　料3175円（特別料金設定、施設による別途利用料あり）　交江ノ電・江ノ島駅から徒歩14分　Pなし　※小学生は日曜入館不可、未就学児は全日入館不可

江の島

江の島 主な行事／法要

1月上旬～下旬　江の島ウィンターチューリップ
江の島サムエル・コッキング苑のチューリップが見頃を迎える。

1月中旬　寒中神輿錬成大会
成人祝いの神事後、冬の片瀬東浜で御輿が渡御。

6月上旬　江の島大道芸フェスティバル
トップレベルの大道芸の披露や大道芸教室も開催。

7月中旬　江の島天王祭
八坂神社の御輿が小動神社に向けて海を渡る。

8月　江の島灯籠
江の島が灯籠の明かりでライトアップされる。

10月中旬　ふじさわ江の島花火大会
約3000発の花火が海に照らされ打ち上がる。

10月中旬～11月上旬　湘南キャンドル
江の島があたたかいキャンドルの光に包まれる。

11月下旬～2月下旬頃　湘南の宝石
江の島各所がイルミネーションで浮かび上がる。

風光明媚な景勝地
江の島の絶景を求めて

賑わう参道を歩いて江島神社へお参り。さらに展望灯台を過ぎ小径を進めば、最高の風景に出会える。

湘南を代表する観光地をハイキング気分で散策

青銅の鳥居をくぐった先、みやげ物店や食事処が立ち並ぶ参道を抜けると、正面に江島神社がたたずむ。さらに奥へ進むと360度のパノラマが広がる展望灯台を有する庭園や、探検気分を楽しめる洞窟など、ここだけのお楽しみが充実している。

歩く・観る ● 江の島・片瀬海岸

参道グルメ

江の島の食べ歩きの定番
あさひ本店
あさひほんてん
MAP 付録P.17 F-3

新鮮なイイダコをまるごと200℃で瞬間プレス。旨みを凝縮した香ばしいせんべいは江の島の味。

☎0466-23-1775 ㊋藤沢市江の島1-4-8 ◉9:00〜18:00 ㊡木曜、荒天時
→丸焼きたこせんべい400円

老舗の甘味でひと休み
井上総本舗
いのうえそうほんぽ
MAP 付録P.17 F-3

大正14年(1925)に創業した和菓子店。貝もなかや女夫饅頭は江の島みやげに人気がある。

☎0466-22-4640 ㊋藤沢市江の島2-1-9 ◉10:00〜18:00(土・日曜は〜19:00) ㊡火・金曜
→ほどよい甘さの餡と抹茶アイスもなか400円

職人が作る老舗の味
元祖紀の国屋本店
がんそきのくにやほんてん
MAP 付録P.17 F-3

ふわふわの女夫饅頭や貝の形の江の島もなかが人気。イートインでお茶とともに味わいたい。

☎0466-22-5663 ㊋藤沢市江の島2-1-12 ◉8:00〜18:00 ㊡水曜
→貝の形がかわいらしいアイスもなか280円

---

1 弁財天に金運や幸福を願う
江島神社(辺津宮)
えのしまじんじゃ(へつみや)
MAP 付録P.17 F-4

◎妙音弁財天像は縁結びのご利益でも人気

奥津宮、辺津宮、中津宮の3社の総称。それらに祀られる3女神と江島弁財天を祀る。交通や幸福、財宝、芸道上達の神。八臂、妙音の両弁財天像が有名。

☎0466-22-4020 ㊋藤沢市江の島2-3-8 ◉拝観自由、奉安殿8:30〜17:00 ㊡無休 ¥無料(奉安殿200円) ㊂江ノ電・江ノ島駅から徒歩20分 Ⓟなし

中津宮
なかつみや

中津宮は9世紀半ば創建。社殿は近年改修され色鮮やかに。江戸期の石灯籠も並ぶ

奥津宮
おくつみや

江戸後期に再建された奥津宮。拝殿の天井には「八方睨みの亀」が描かれている

2 眺めの良い歴史的な庭園
江の島サムエル・コッキング苑
えのしまサムエル・コッキングえん
MAP 付録P.17 E-4

明治時代の英国人貿易商サムエル・コッキングが造営した和洋折衷の大庭園跡を整備。当時の温室の遺構を見学でき、南国植物や椿、バラなど季節の花も楽しめる。海抜約100mの高さから海を一望できる「江の島シーキャンドル(展望灯台)」も人気。

☎0466-23-2444 ㊋藤沢市江の島2-3-28 ◉9:00〜20:00(入苑は〜19:30) ㊡無休 ¥200円(江の島シーキャンドルは別途500円) ㊂江ノ電・江ノ島駅から徒歩25分 Ⓟなし

◎サンセットテラスからの美しい夕景

歩く時間 ◆ 約1時間10分
さんぽコース

江ノ電・江ノ島駅
↓ 徒歩約15分
参道入口(鳥居)
↓ 徒歩約5分
1 江島神社(辺津宮)
↓ 徒歩約6分
2 江の島サムエル・コッキング苑
↓ 徒歩約10分
3 稚児ヶ淵
↓ 徒歩約2分
4 江の島岩屋
↓ 徒歩約26分
小田急・片瀬江ノ島駅

江の島への最寄り駅は、小田急・片瀬江ノ島駅、江ノ電・江ノ島駅、湘南モノレール・湘南江の島駅の3つ。

※上記の「歩く時間」は神社仏閣/施設などの入口までの目安です。見学時間などは含みません。

江の島の絶景を求めて

↑秋季に開催される「湘南キャンドル」

↑冬季に開催されるイベント「湘南の宝石」

3 悲恋伝説の残る景勝地
稚児ヶ淵
ちごがふち

MAP 付録P.16 A-4

関東大震災による隆起で海上に現れた波食台。相承院の稚児が悲恋により崖から身を投げたとの伝説が残る。富士山と夕日の絶景が見られる。

☎0466-24-4141(片瀬江の島観光案内所)
所 藤沢市江の島2-5 料 見学自由(荒天時は立ち入り不可) 休 無休
交 江ノ電・江ノ島駅から徒歩45分 P なし

↑かながわの景勝50選に選ばれた絶景

4 伝説の地の洞窟を探検
江の島岩屋
えのしまいわや

MAP 付録P.16 A-4

島の最奥部にある、波の浸食により生まれた海食洞窟。江の島信仰発祥地、龍神伝説の地とされ、歴史や文化の展示を見ながら内部を見学できる。

☎0466-22-4141(藤沢市観光センター)
所 藤沢市江の島2 営 9:00～16:00(季節、イベントにより延長の場合あり) 休 無休(天候などにより閉洞の場合あり) 料 500円
交 江ノ電・江ノ島駅から徒歩45分 P なし

↑照明や音響で演出された洞窟内を見学

絶景もあり！江の島グルメ
美味なる海の幸を

目の前に広がる胸のすくような景色とともに地元の食材をふんだんに使った料理を堪能。

絶好のロケーションで海鮮どんぶりに舌鼓

江ノ島 魚見亭
えのしまうおみてい

MAP 付録P.16 A-4

漁で獲れた新鮮な魚を料理し、提供してきた創業150年の老舗。伊豆大島、箱根、富士山までが一望でき、目の前に広がる海を眺めながら食べる海の幸は格別。磯の香りが弁天参りの疲れを癒やしてくれる。

☎0466-22-4456
所 藤沢市江の島2-5-7 営 10:00～日没後30分くらい 休 無休 交 江ノ電・江ノ島駅から徒歩30分 P なし

しらす丼(釜揚げ) 990円
漁港から直送される釜揚げしらすはしょうが醤油でさっぱりと

江の島丼 990円
新鮮なサザエの身を割り下で煮て、卵でとじた江の島名物

↑夏場はテラス席を利用したい

↑広々とした座敷席でゆったりと味わえる

予約 不可
予算 L 990円～

風吹く絶景テラスで自慢の磯料理をいただく

江之島亭
えのしまてい

MAP 付録P.17 E-4

創業明治42年(1909)の老舗。近隣の海で獲れた新鮮な魚介を使った料理を中心に、丼や御膳など充実のメニュー。その日のおすすめ魚が書かれたホワイトボードはチェックしておきたい。

☎0466-22-9111
所 藤沢市江の島2-6-5 営 10:30～17:30(土・日曜は～19:00) 休 不定休 交 江ノ電・江ノ島駅から徒歩30分 P なし

予約 可
予算 L D 860円～

まかない丼 1650円
ぶつ切り刺身としらすがてんこ盛りの丼。やまかけをかけていただく

↑晴天時はテラス席がおすすめ

江の島丼 1210円
コリコリのサザエを卵でとじた丼。旨みが凝縮された人気メニュー

歩く・観る●江の島・片瀬海岸

欧風も和テイストも、江の島にお似合い
くつろぎのカフェ

潮風吹くテラスや緑に囲まれた古民家カフェで心ゆくまでのんびりと海辺の休日を満喫する。

→シチリア島の岸壁に建つカフェをイメージ

心地よい潮風を感じながら
100種を超える多彩な料理を味わう
iL-CHIANTI CAFE 江の島
イル キャンティ カフェ えのしま

MAP 付録P.17 F-4

江の島の頂上、断崖絶壁の上に建つイタリアンカフェ。どこの席からも青い空と海が広がる。キリッと冷えたスパークリングワインとともに、この絶好のロケーションをゆっくり楽しみたい。

予約 可
予算 L 1500円～ / D 2500円～

☎0466-86-7758
所 藤沢市江の島2-4-15
営 11:00～21:00(LO20:00)
休 無休
交 江ノ電・江ノ島駅から徒歩25分
P なし

→天井が高く開放的な明るい店内

冷製江ノ島スパゲティ 1490円(M)
しらすやムール貝、ぷりぷりのエビなど魚介がたっぷり。ピリ辛トマトスープ仕立て

しらすピッツァ 1534円(M)
釜揚げしらすとトマトソースの酸味が絶妙のサクサクのピッツァ

穏やかな時間が流れる
古民家カフェでひと休み
しまカフェ 江のまる
しまカフェ えのまる

MAP 付録P.17 E-4

築90年以上になる大正時代の家屋をリノベーション。鎌倉に魅せられた夫婦が都内から江の島に移り住み、営んでいる。ゆったりと並べられた席は居心地がよく、時を経た空間独特の気配に心がほころんでいく。

☎0466-47-6408
所 藤沢市江の島2-3-37
営 11:00～日没
休 水曜
交 江ノ電・江ノ島駅から徒歩25分
P なし

予約 不可
予算 L 1430円～

→高い天井と梁が印象的な、広々とした造りの店内

バナナケーキ 495円
スイーツの大半は奥さんの手作り。しっとりとしてやさしい甘さ

抹茶ババロア 495円
ほろ苦い抹茶ババロアに添えられた生クリームと煮小豆が好相性

美味なる海の幸を／くつろぎのカフェ

乗ってワクワク、見てドキドキ？
江ノ電の小さな旅

民家の前を、自動車と一緒に走る。海が見えてきたら、
思わず歓声を上げたくなる。約10km、34分の感動の旅へ。

住宅やお寺の脇を抜けてシーサイドへ
魅力たっぷりのミニ鉄道

○ オリエント急行を思わせる紺色の車体が目を引く10形

　藤沢と鎌倉を結ぶ江ノ島電鉄、通称・江ノ電は、明治35年(1902)に運転を始めた日本で6番目に古い電気鉄道。約10kmの距離に15の駅を設け、江の島や鎌倉など、周辺の人気観光地や景勝地を約34分で結ぶ。藤沢駅を出発した電車はしばらく閑静な住宅街を走り、江ノ島駅から1駅だけ、路面電車のように車道を走る。腰越駅からは住宅街を縫うように、民家の軒先や垣根を抜けて進んでいく。じきに視界が開けると、目の前には相模湾の大海原。しばらく海の絶景を楽しみ、レンガのトンネルを抜ければ、やがて鎌倉駅に到着。沿線の魅力をギュッと詰め込んだ江ノ電の旅を楽しもう。

歩く・観る●江の島・片瀬海岸

 1 住宅地のなかを走る

腰越駅～鎌倉高校前駅間は、カーブが続くのんびり走行区間だ。建物の横を通過する電車と沿線の生活感を楽しめる。

交通情報はP.154

○ 梅雨どきは沿線にアジサイの花が。御霊神社付近は特に有名な撮影ポイント

○ 腰越の住宅街の狭い路地を軒先スレスレに走る

 2 車とともに走る

江ノ島駅～腰越駅間の線路は併用軌道と呼ばれ、車と電車が一緒に走る江ノ電ならではの景色を見ることができる。

○ 江ノ電と車が同じ領域を走る路面区間

3 参道を横切る踏切

極楽寺駅～長谷駅間の御霊神社は踏切前が鳥居(写真)。腰越駅近くの満福寺は踏切からすぐに寺の石段が続く。古都の風情と電車が溶け合う場所で、人気の撮影スポットだ。

○ 御霊神社は鳥居越しに江ノ電が走る姿が見られるスポット

↑潮風が心地よいホームで美しい景観を楽しみたい

4 海一望の絶景駅
鎌倉高校前駅のホームの真正面には、相模湾が広がる。江の島の浮かぶ絶景を一望する駅は「関東の駅百選」に選ばれた。

5 トンネルはひとつだけ
極楽寺駅～長谷駅間にある唯一のトンネル「極楽洞」。ツルハシを使って人力で掘られ、明治40年（1907）に貫通したレンガ造りの、歴史のあるトンネルだ。

↑桜橋の上でスタンバイ。トンネルから出てきた瞬間を狙おう

6 3駅の駅構内に踏切が！
江ノ島駅、稲村ヶ崎駅、長谷駅には駅構内に踏切がある。改札とホーム、ホームとホームを結ぶ小さな踏切で、歩行者用信号も付いている。

↑住宅などが密集する地域ならではの風景

江ノ電バスでお得に旅する
全線乗り降り自由のきっぷには、沿線エリアで利用できる特典も充実。

江ノ電1日乗車券 のりおりくん
江ノ電全線が1日乗り降り自由。飲食店や観光施設で料金の割引などの特典がある。価格は大人650円、子ども330円で、全駅の券売機で購入できる。

老舗のおみやげ屋さん

創業200年近くの老舗みやげ店へ。旅の思い出として銘品をおみやげに。

鈴傳 すずでん
↑龍口寺の門前に店を構える

片瀬 MAP 付録P.17 D-2
江ノ電が軒先をかすめる老舗　旨みを凝縮した干物

創業200年余の干物専門店。主に相模湾で獲れた魚を、長い歳月とともに培われた独自製法で加工する干物は絶妙な塩加減で、地元での評判も高い。

↑アジ324円～（1枚）、カマス540円～（1枚）、イカ842円～（1枚）など

☎0466-25-1213　所藤沢市片瀬海岸1-6-10　営9:00～18:00　休水曜　交江ノ電・江ノ島駅から徒歩3分　Pなし

和菓子司 扇屋 わがしつかさ おうぎや
片瀬 MAP 付録P.17 D-2
お店に実物の江ノ電がある　愛され続ける銘菓

天保年間（1830～43）創業の和菓子店。昔ながらの製法で作られたやさしい甘さの麩饅頭や草餅、芋羊羹など四季折々の和菓子が並ぶ。

↑ごま餡、梅餡、ゆず餡、こし餡求肥入り、つぶ餡求肥入りの江ノ電もなか1300円（1箱10本入り）

☎0466-22-3430　所藤沢市片瀬海岸1-6-7　営9:00～17:00　休不定休　交江ノ電・江ノ島駅から徒歩3分　Pなし

↑江ノ電の実車が目印

江ノ電の小さな旅

> 歴史

> 激動の時代に思いを馳せつつ、鎌倉を散策したい

鎌倉武士の繁栄と滅亡の悲劇

地方で武力を鍛え上げ、中央の舞台へとのし上がった源平の武士たち。やがて源氏が鎌倉に武家政権を確立するが、北条執権政治のほころびで滅亡に向かった鎌倉幕府の物語。

12世紀中頃～後半

貴族の時代から武士の時代へ

源平の争乱

朝廷を舞台にした源氏と平氏の争いに平氏が勝利
おごれる平氏の栄光の時代は長くは続かなかった

上皇による院政が敷かれた平安時代後期。地方では土着して開発領主となった下級貴族らが、各地で戦闘集団の武士団を形成していた。なかでも強力な一団が、皇族の血を引く源氏と平氏だ。源氏は東国武士を束ねて勢力を強め、平氏は上皇に取り入り、互いに朝廷内での地位を築いていく。保元元年(1156)に起きた保元の乱では、崇徳上皇と後白河天皇の権力争いに源平の武力が動員された。3年後の平治の乱では源平が敵味方となり、後白河上皇についた平氏の棟梁・平清盛が、源氏の棟梁・源義朝に勝利する。

武勲を挙げた平清盛は武士で初の太政大臣に就任。平氏が官職を独占し、後白河上皇も都から追放して、治承3年(1179)に平氏政権を興した。「平家にあらずんば人にあらず」とまで言わしめた平氏の繁栄も、後白河上皇の皇子・以仁王と源頼政の決起で終焉を迎える。伊豆に流された源義朝の三男・頼朝は、鎌倉を拠点に東国の武士団を引き連れ参戦。頼朝の弟・義経らの活躍で一ノ谷、屋島と勝利を挙げ、元暦2年(1185)の壇ノ浦の戦いでついに平氏は滅亡する。

⇦壇ノ浦の戦いを描いた『安徳天皇縁起絵図』〈赤間神宮蔵〉

⇧満福寺境内にある腰越状をしたためる義経と弁慶の像

> **腰越状** 義経と頼朝の確執
>
> 源平の戦いで武勲を挙げた源義経だったが、兄・頼朝は義経の鎌倉入りを許さなかった。兄に許可なく朝廷から官位を受け、朝廷派と疑われたためだ。義経は腰越にある満福寺で、頼朝の重臣・大江広元にとりなしを依頼する手紙(腰越状)を書く。しかし、思いは届かず、2人の確執はその後も続いた。
>
> **満福寺** ➡ P.75
> まんぷくじ
> 腰越 MAP 付録P.17 E-2

源平合戦の地

頼朝の挙兵

幕府の変遷と鎌倉の地勢

三方を山に囲まれた鎌倉へ陸路で向かうには、「切通（きりとお）し」と呼ばれる険しい道を通らなくてはならなかった。写真は、現在の釈迦堂切通し（通行禁止）

12世紀末〜13世紀頃	武家政権が封建制度を生む

鎌倉幕府の成立

戦乱中に少しずつ形成されていく源氏政権
日本で初めて「幕府」が鎌倉の地に興る

　争乱のさなか、源頼朝は源氏政権「鎌倉幕府」の基盤づくりを鎌倉で着々と進めていた。南を海に面し、三方を山が囲む鎌倉は都に最適の防衛地だった。治承4年(1180)、頼朝は大倉（現・雪ノ下）に屋敷（大倉御所）を構え、源氏の氏神を祀る鶴岡八幡宮(P.35)を中心に町を開発した。軍・警察機構の侍所、役所の公文所（のちの政所）、裁判所の問注所を設置し、文治元年(1185)には軍事行政官の守護、荘園管理者の地頭を地方に派遣して基盤を築く。建久3年(1192)には征夷大将軍に任命され、名実ともに政権執行者となる。

　源頼朝直属の武士は御家人と呼ばれた。地頭として領地を任され、戦果により領地を得る権利（御恩）が与えられ、代わりに軍役の義務（奉公）が課せられた。御恩と奉公による封建制度で、将軍と武士は結ばれていた。

由比若宮（元八幡）
ゆいわかみや（もとはちまん）

材木座　MAP 付録P.14 C-2

源頼義が康平6年(1063)に創建。のちに頼朝が遷したのが、現在の鶴岡八幡宮だ。

☎0467-22-0315（鶴岡八幡宮）
所 鎌倉市材木座1-7　料 拝観自由
交 JR鎌倉駅から徒歩15分　P あり

↑源氏山公園の源頼朝像

↑若宮大路の中央には、頼朝が妻・政子のために造営させた段葛（だんかずら）と呼ばれる道がある

鎌倉武士の繁栄と滅亡の悲劇

13世紀初頭〜前半　北条氏が執権となって実権を掌握
北条政子の時代

尼将軍・政子が若い息子を助けて政治を動かし
実家の北条家が執権となって政治の実権をつかむ

　源頼朝が建久10年(1199)に急死すると、妻の北条政子は出家。子の頼家が18歳で2代将軍に就いた。若い将軍は独善的な振る舞いから信頼を得られず、13人の有力御家人が合議制で政務を執り仕切った。13人のなかには、政所別当(長官職)の大江広元、侍所別当の和田義盛、政子の父・北条時政、頼家の義父・比企能員らが名を連ねた。なかでも急速に頭角を現したのが政子の実家の北条氏だ。政子もまた、息子の後見人として幕府に介入し、尼御台あるいは尼将軍と呼ばれた。北条時政は、打倒北条に動いた比企能員の一族を一気に滅ぼし(比企能員の乱)、比企に加担した将軍頼家を伊豆に幽閉する。12歳の頼家の弟・実朝を3代将軍に就け、自身は将軍補佐役の「執権」として幕府の実権を握る。以来、北条家が代々執権職を継承する。2代執権を継いだ義時は、和田義盛一族を滅ぼし(和田合戦)、幕府の重職を独占した。建保7年(1219)、源頼家の子・公暁が、父の敵と信じた実朝を鶴岡八幡宮で暗殺。のちに公暁も討たれ、源将軍家は3代、27年で途絶えてしまう。
　一方、京都では承久3年(1221)、公家の権力回復を狙った後鳥羽上皇が、北条義時追討の兵を挙げて承久の乱が勃発。政子の説得で御家人たちは幕府軍に参戦し、朝廷軍を圧倒して陥落させた。後鳥羽上皇は隠岐の島へ配流となり、武家の執権政治は西日本へと波及していった。

13世紀前半〜中頃　武家の執権政治が全国を席巻
執権政治の確立

泰時は合議制や武士の法律を定めて
北条得宗家による独占政治体制をスタートさせる

　元仁元年(1224)に2代執権・北条義時が急死し、翌年には幕府の重鎮、大江広元や北条政子らが相次いで逝去。3代執権の泰時は行政制度改革に乗り出す。執権の補佐役である連署を置き、執権や連署と政務・裁判にあたる評定衆を設置。連署に泰時の叔父・北条時房が就き、評定衆は政務に長けた有力御家人ら11人が選ばれた。この制度改革で、合議制による執権政治体制が確立する。貞永元年(1232)には、史上初の武家の法律「御成敗式目」を制定。51ヵ条にわたって武士の心構えや職務、土地所有、裁判制度を定め、各地の紛争解決の全国統一ルールが示された。
　5代執権・時頼の時代には、執権の座を狙う北条氏の一門・名越家勢力を幕府から追放。政務の実権を時頼ら北条本家の得宗家が独占。得宗家による専制体制が確立した。

神奈川県立金沢文庫
かながわけんりつかなざわぶんこ
金沢文庫 **MAP**本書P.3 F-1

鎌倉中期に北条実時が建てた武家文庫が起源。国宝・重要文化財を多数展示している。随時特別展も開催。
☎ 045-701-9069　⚑横浜市金沢区金沢町142
🕘 9:00〜16:30(入館は〜16:00)　休 月曜
💴 250円、特別展料金あり　🚇 京急・金沢文庫駅から徒歩12分　🅿 あり(身障者優先)

北条一族、源氏系統図

中先代の乱で一時的に鎌倉を支配

最後の六波羅探題北方

『太平記』では、六波羅の両探題職に任じられたとされている

九条道家と西園寺公経の娘、綸子の子

1 数字は執権の就任順
1 数字は将軍の就任順
時宗 は得宗

13世紀中頃〜後半 日本が巨大な外敵に立ち向かう
蒙古襲来

モンゴル帝国の大軍団が九州・博多を襲撃 「神風」が味方して、敵の軍船を追い払う

　8代執権・北条時宗の時代の文永5年(1268)正月。モンゴル帝国皇帝・フビライ・ハンの使者が、国書を携え鎌倉幕府を訪問した。ユーラシア大陸を広く支配するフビライ皇帝は、中国南部の南宋を攻略する手始めに、周辺国の日本を配下につけようとしていた。「友好か派兵か」、と迫る国書を時宗は無視し、御家人らに命じて九州の防備を固めた。
　それから6年後の文永11年(1274)10月、国号をモンゴルから元と改めたフビライの軍船900隻が隠岐に集結し、博多に上陸した(文永の役)。九州の御家人たちは苦戦を強いられたものの、夜に起きた暴風雨で元軍は撤退。弘安4年(1281)には、軍艦4400隻、14万人の大軍団で再び襲来したが、またもや暴風雨によって元軍は撤退した(弘安の役)。

○『蒙古襲来絵詞』〈宮内庁三の丸尚蔵館蔵〉。元の大軍に対し、日本は小船で立ち向かった

13世紀後半〜14世紀前半 北条専制政治が招いた幕府崩壊
鎌倉幕府の終焉

御家人制度の破綻が幕府最大の危機を呼ぶ 地方武士が天皇軍に加勢して幕府は滅亡へ

　日本は元軍を追い返したものの戦果は挙げられず、あとには膨大な戦費の負担だけが残った。兵力や金銭を注いだ御家人たちは、見合う恩賞を得られずに生活は困窮。さらに圧政を敷く北条家に、御家人たちの不満は募っていった。
　京都では、天皇中心の政治の復活を目指し、後醍醐天皇が鎌倉幕府打倒に動く。元弘元年(1331)、河内の武士・楠木正成や後醍醐天皇の皇子・護良親王が天皇の呼びかけに応じ挙兵。幕府軍有利が続くなか、源氏直系の有力御家人・足利尊氏が天皇側につくと、諸国の武士が一気に天皇側について形勢逆転。源氏一門の新田義貞が鎌倉を落として北条一族は自害。元弘3年(1333)に鎌倉幕府は滅亡する。

鎌倉時代の仏教　多くの宗派が誕生した

　天台宗や真言宗などの鎌倉以前の仏教は、皇族や貴族のみが信仰の対象だった。
　武家が台頭した鎌倉時代には、武士や民衆にも受け入れやすい新たな宗派が次々と生まれた。法然の浄土宗や親鸞の浄土真宗、一遍の時宗は、「念仏を唱えれば極楽浄土へ行ける」とする他力本願で民衆に支持され、日蓮(P.73)の日蓮宗は現世に救われると説いた。栄西の臨済宗、道元の曹洞宗は、「坐禅によって悟りを開く」と説き、心身の鍛錬を是とする武士の信仰を集める。臨済宗は北条氏の帰依を受け、建長寺(P.48)や円覚寺(P.45)などの大寺院が建立された。

○迫害を受けながらも熱心に布教活動を行った日蓮を偲ぶ「日蓮上人辻説法跡」

東勝寺跡
とうしょうじあと
若宮大路周辺　MAP 付録P.9 E-3
新田義貞が鎌倉を攻めた際、北条高時は一族と東勝寺の地に立てこもり、建物に火を放って壮絶な最期を遂げた。

鎌倉宮 ●P.68
かまくらぐう
二階堂　MAP 付録P.10 C-2
明治2年(1869)、護良親王を祀るため、明治天皇の勅命により創設された神社。紅白の大きな鳥居が象徴。

鎌倉武士の繁栄と滅亡の悲劇

鎌倉歴史年表

西暦	元号	天皇	上皇	将軍	執権	事項
1156	保元元	後白河	鳥羽			7月 保元の乱
1159	平治元	二条	後白河			12月 平治の乱。義朝ら平清盛に敗北
1160	永暦元					3月 頼朝助命され伊豆に流される
1167	仁安2	六条				2月 平清盛、太政大臣となる
1180	治承4	安徳	高倉			4月 以仁王の平氏追討の令旨発せられる
						8月 源頼朝、伊豆で挙兵、石橋山で敗れ、安房に敗走
						9月 源義仲、挙兵。10月頼朝、富士川の戦い。11月 頼朝、侍所を設置
1181	養和元		後白河			2月 平清盛没
1183	寿永2					10月 寿永の宣旨、頼朝の東国支配権確立
1184	元暦元					10月 頼朝、公文所、問注所を設置
1185	元暦2	後鳥羽				3月 平氏、壇ノ浦で滅亡
						5月 源義経、腰越状を書くが鎌倉入りを拒否される
	文治元					11月 頼朝、諸国に守護・地頭をおく
1189	文治5					4月 義経、藤原泰衡に襲われ自害
						9月 奥州藤原氏滅亡
1192	建久3			源頼朝		7月 頼朝、征夷大将軍となる
1199	正治元	土御門	後鳥羽	源頼家		4月 北条政子、頼家の親裁を停止、北条時政ら13人の御家人合議制とする
1200	正治2					北条政子、頼朝の死を弔うため、寿福寺 ⇒ P.58開基
1203	建仁3			源実朝	北条時政	9月 比企能員の乱、比企一族滅亡
1205	元久2				北条義時	7月 時政失脚、義時、執権となる
1213	建保元	順徳				5月 和田合戦(和田義盛の乱)、和田一族滅亡
1219	承久元					1月 実朝、鶴岡八幡宮で頼家の子、公暁に殺される
1221	承久3					5月 承久の乱。後鳥羽上皇、敗れる
		仲恭				6月 六波羅探題を設置
1224	元仁元				北条泰時	6月 泰時、執権となる
1225	嘉禄元					12月 評定衆を設置
1226	嘉禄2			藤原頼経		1月 藤原頼経、征夷大将軍となる
1232	貞永元					8月 御成敗式目を制定
1242	仁治3	後嵯峨			北条経時	6月 泰時没、経時執権となる
1246	寛元4	後深草	後嵯峨	藤原頼嗣	北条時頼	4月 宮騒動
1247	宝治元					6月 宝治合戦、三浦一族滅亡
1249	建長元					12月 引付衆を設置
1252	建長4			宗尊親王		4月 宗尊親王、征夷大将軍となる
1253	建長5					11月 第5代執権・北条時頼が建長寺 ⇒ P.48開基。開山は蘭渓道隆
1268	文永5			惟康親王	北条時宗	1月 高麗の使者、フビライの国書を呈す。2月 時宗、使者を返し、防備を命ずる
1274	文永11	後宇多	亀山			10月 文永の役
1281	弘安4					5月 弘安の役
1282	弘安5					12月 蒙古襲来による犠牲者を弔うため、北条時宗が円覚寺 ⇒ P.45開基
1285	弘安8				北条貞時	11月 霜月騒動、安達一族滅亡
1293	正応6	伏見	後深草	久明親王		4月 鎌倉大地震、多くの神社仏閣などが倒壊
1321	元亨元	後醍醐	後宇田		北条高時	12月 院政廃止、後醍醐天皇の親政開始
1331	元徳3	後醍醐 光厳	後伏見	守邦親王	北条守時	9月 楠木正成挙兵
1332	元弘2					3月 後醍醐天皇、隠岐に配流
	正慶元					11月 護良親王挙兵
1333	元弘3					2月 後醍醐天皇、隠岐を脱出
	正慶2					5月 足利尊氏、六波羅探題を破る。新田義貞、鎌倉を攻略、北条高時自殺
1334	建武元	後醍醐				11月 護良親王、鎌倉に配流

ART & CULTURE
Kamakura

美と出会う

喧騒から離れ自然に包まれた
のんびりした風土は、昔から
多くの作家やアーティストたちを
ひきつけてきた。
モダンアートも、鎌倉時代の仏像も
共存する豊かな「鎌倉の文化」を知り、
体験してみたい。

鎌倉だから
体験したい
学びたい

文化体験 / CULTURAL EXPERIENCES

古都の静寂に包まれて自分と向き合う旅
寺院で体験する 坐禅と写経

由緒ある寺院が多い鎌倉では、坐禅や写経などが気軽に体験できる。
日常では体験できない境内の静かな空間で、自分をリセットしよう。

美と出会う●文化体験

坐禅
雑念を捨て去り無我の境地へ。静かな時間を過ごしすがすがしい気分に。

↑警策の際は、向き合って合掌し、頭を下げる

↑両腕を組んで前屈みになり、警策を受ける

姿勢と呼吸を整え自己を見つめ直す

坐禅は、安定した姿勢を保ちながら心身を統一する禅修行。両足を反対側の腿に乗せて組む結跏趺坐（けっかふざ）が基本だが、片足だけを組む半跏趺坐でもよい。長くゆっくり息を吐き出す腹式呼吸も重要。終わったあとは気分がリフレッシュして、晴れやかな心境になる。

気軽に参加できる円覚寺の土曜坐禅会

円覚寺の土曜坐禅会は、初心者向けと経験者向けとで時間が異なるので注意。初心者向けの会では、15〜20分の坐禅を2回、休憩を挟んで行う。開始10分前までに到着して、靴下を脱いで静かに待つ。最初に20分ほど説明を受けたら、足を組んで姿勢を整えよう。ゆっくり腹式呼吸をしながら、へその下に意識を集中するのがポイント。希望者は、棒で肩を叩く警策をしてもらえる。

参加 information

予約／申込
開催日、予約の有無は、開催される坐禅会ごとに異なるので、各寺社のHPなどで確認しておく。

持ち物／服装
足を組むので動きやすい服装を。タイトなジーンズや丈の短いスカートは適さない。華美な服装は控え、ピアスなどの装飾品は警策の妨げになるので外しておく。

↑円覚寺の境内にある居士林は、在家修行者のための修行道場。趣あるたたずまいが印象的だ

坐禅が体験できる寺院

円覚寺 ➡P.45 MAP 付録P.5 D-1
☎0467-22-0478

●日曜説教坐禅会＜大方丈＞
[開]毎月第2・4日曜9:00〜10:00(法話)、10:00〜11:00(坐禅) [料]無料
※予約不要(時間までに着座)、初心者向け、団体不可

●暁天坐禅会＜仏殿＞
[開]通年6:00〜7:00(1月1〜7日、10月1〜5日、行事がある日は休) [料]無料 ※予約不要(時間までに着座)、初心者向け、団体不可

●宿泊坐禅会
[開]春季(3月下旬)／秋季(9月下旬)に実施 ※要予約、詳細はHPで要確認、学生以外の参加も可、団体不可

●土曜坐禅会
[開]土曜13:20〜14:20(初心者)、14:40〜15:40(2回目以降の体験者)10分前までに到着(8月は休会) [料]無料(要拝観料300円) ※予約不要、詳細はHPで要確認

建長寺 ➡P.48 MAP 付録P.5 E-3
☎0467-22-0981 [開]金・土曜16:30〜17:30 [料]参加費無料(要拝観料500円)
※変更の場合あり、要問合せ

報国寺 ➡P.66 MAP 付録P.11 D-4
☎0467-22-0762 [開]日曜7:30〜10:30 ※予約不要(時間までに本堂前に集合)、初心者への指導もあり。2021年2月現在休止中

宝戒寺 ➡P.38 MAP 付録P.9 E-2
☎0467-22-5512 ※人数が集まれば実施可、要相談

↑暁天坐禅会が行われる仏殿(円覚寺)

体験談
深閑とした居士林は、凛とした空気が流れる空間。ひんやりとした床に腰を下ろして坐禅の足組みをすると、スッと背筋が伸びて気持ちが引き締まる。そのまま目をつぶれば、自然に心が落ち着いてくる。和尚さんの警策で、ほどよい緊張感も保たれて、最後はすっきりとした気分に。

寺院で体験する坐禅と写経

背筋を伸ばし、肩は力を抜いて楽に。手は右手の上に左手を置き、互いの親指をつけて輪をつくる（撮影：円覚寺居士林）

写経

一文字ずつ
思いを込めて
書き写すことで、
心穏やかになれる。

筆をとり、御仏と向き合う時間

静寂のなかで姿勢を正し、経文を書写する写経。もとは印刷技術がなかった時代、仏教を広めるための手段だったが、のちに写経そのものが功徳とされるようになった。有名な「般若心経」は、経題などを含めると全278文字。約1時間～1時間半で書き写すことができる。大切なのは、一字一字を仏様と思い、ていねいに筆を運ぶこと。忙しい日常から解き放たれ、気持ちがリセットされる。

長谷寺で写経を体験

長谷寺の写経は「般若心経」と「延命十句観音経」の2種類から選べる。薄く印刷された文字を上からなぞるだけなので、初心者でも安心だ。会場入口で用紙を購入後、道具を揃えて好きな席へ。墨をすり始めると、自然に心が落ち着いてくる。慣れない人は、筆ペンを使ってもOK。最後に願意を記して、会場内御宝前または観音堂に奉納すれば、経蔵に末永く納めていただける。

美と出会う●文化体験

⬆長谷寺の書院は、2013年に新たに建てられたもの

参加 information

予約／申込
写経ができる日時、予約の有無などは寺社ごとで異なるので、各寺院のHPなどで確認しておこう。

持ち物／服装
基本的に、写経に使う道具はその場で借りることができる。

注意事項
周囲の迷惑になるので、会話や写真撮影はNGの寺院も多い。携帯電話の電源も切っておこう。

⬆余計なことを考えず、ひたすら神経を集中

写経が体験できる寺院

長谷寺 ➡P.63 MAP 付録P.12 B-3
☎0467-22-6300 営9:00～16:00(受付は～15:00) 料写経用紙1200円(道具あり) ※予約不要

光明寺 ➡P.70 MAP 付録P.15 D-4
☎0467-22-0603 営第2水曜10:30～12:00
料1500円(道具あり) ※予約不要(第2水曜以外でも2名からの予約で体験可)

妙本寺 ➡P.71 MAP 付録P.9 D-4
☎0467-22-0777 営10:00～15:00(事前に電話確認)
料納経2000円(道具あり) ※要予約

体験談
枯山水の庭から書院に入り、墨をすって用紙に向かうまでの一連の流れにも、心を整える時間が感じられて写経に身が入りやすい。写経に集中できる空間を追求した結果、僧や職員自ら写経机を設計、手作りしたと聞き、その真摯で誠実な姿勢にも感動。

寺院で体験する坐禅と写経

体験を通して鎌倉の魅力を知る
坐禅、写経のほかにも、「お寺で体験」できること

寺院には、仏像や庭を「見る」だけでなく、「体験する」楽しみもある。たとえば、長谷寺では仏様の姿を描き写す**写仏**、光明寺では**精進料理**を味わうプランなどが用意されている。実際に体験することで、鎌倉の奥深さが見えてくるはずだ。

精進料理 ➡P.128

光明寺で提供される精進料理の一例

鎌倉の伝統文化を知り、自分で作る

職人の技術とやさしさに接する
手作り工芸体験

愛情を注いで、丹精して作る手仕事の世界。
自分で作ったとっておきの作品を日々の暮らしに取り入れてみませんか。

鎌倉彫教室 鎌陽洞
かまくらぼりきょうしつ けんようどう

御成町 MAP 付録P.7 F-4

短期体験講座をほぼ毎日開催。1～3日ほどで作品を仕上げることが可能。前日までに予約。

☎0467-22-5550 所鎌倉市御成町11-29鎌陽洞ビル 営10:30～17:00 日曜10:00～14:00 休不定休 料1500～2000円 交JR鎌倉駅から徒歩2分 Pなし

こちらの工房で体験です

鎌倉彫

鎌倉時代に仏具として作られたのが始まり。独特の陰影と質感が味わい深い。

美と出会う ● 文化体験

初心者向けの短期体験講座が人気

数種類の図柄から好きなものを選び、直径18～24cmのお盆に彫り込むことができる。簡単なデザインなら、2～3時間程度で完成。作品はそのまま持ち帰れるほか、別料金で漆塗り加工を依頼することも可能だ。

作ってみよう 体験：短期体験コース

1 図案を写す
盆の上にカーボン紙を重ね、好みの図案をなぞって写し取る。

2 板に溝をつける
下絵の輪郭に沿って、小刀で立ち込み（切り込み）を入れる。

3 溝に沿って彫る
立ち込みの外側を平刀で際取りし、輪郭を浮き立たせる。

4 三角刀で細部を彫る
花や葉の内部などの細かい部分は、三角刀を使って仕上げる。

5 平刀で模様をつける
図柄のない地の部分に、平刀で刀痕（刀の削り跡）をつける。

6 完成
表面をすべて彫り終えたら、裏に名前を刻んでできあがり。

※短期コースはここで終了

鎌倉彫を詳しく知るならココ

鎌倉彫資料館
かまくらぼりしりょうかん

若宮大路周辺 MAP 本書P.41

室町時代から現代までの名品を展示。彫刻体験（要予約）も開催している（詳細はHPに記載）。

☎0467-25-1502 所鎌倉市小町2-15-13鎌倉彫会館3F 営9:30～17:00（入館は～16:30） 休月曜 料300円 交JR鎌倉駅から徒歩5分 Pなし

96

陶芸

土のぬくもりに触れ、
手仕事の楽しさを感じ、
オリジナルの
素敵な器を作る。

葉の模様を
写した器作り

約1時間で、気軽に普段使いの器が作れる。型を使って形成し、植物をそのままデザインに利用するため、初めてでも簡単。作品は乾燥と焼成を経て、約1カ月半〜2カ月後に送ってくれる（送料別）。

↓先生が目の前でわかりやすく説明

作ってみよう 体験：器作り体験コース

1 土を器型に形成する
土をよくこねたら、丸めて型の中心に置く。さらに道具で叩き伸ばし、器の形に整えていく。

2 外で植物を採取する
庭で気に入った葉を採取。いろいろな種類を集めておくと、デザインの幅が広がる。

←庭にはさまざまな植物が生育している

3 葉の模様を転写させる
全体のデザインを考えながら葉を配置し、器の表面に押し付けて、その模様を写す。

4 白い粘土を器に塗る
葉を張り付けたまま、白い粘土を塗る。厚く塗った部分は、濃い白色の仕上がりに。

5 器から葉を剥がす
ピンセットで葉を取り除くと、美しい模様がくっきり。自然の造形美に驚かされる。

手作り工芸体験

↑参加者が作った個性あふれる数々の器。乾かしたあとで窯に入れる

たからの窯
たからのかま

こちらの工房で体験です

北鎌倉 MAP 付録P.4 C-3

緑に囲まれたアトリエで、毎日4クラスを開催。予約は3日前までに。

☎090-8142-6119 所鎌倉市山ノ内1418たからの庭内 営10:00〜16:00
休不定休 料3400円（送料別）
交JR北鎌倉駅から徒歩15分 Pなし

↑ひっそりとした隠れ家のような工房

97

美術館・博物館 MUSEUM

貴重な品々に目をひととき奪われる
鎌倉の歴史が宿る傑作たちを訪ねる

建物自体も国の登録有形文化財の鎌倉国宝館をはじめ、各寺院に安置された仏像、ゆかりの作家が描いた作品など、鎌倉の各地で出会える傑作の数々を紹介する。

鎌倉国宝館
かまくらこくほうかん
若宮大路周辺 MAP 付録P.9 D-1

鎌倉〜室町期を中心とした地方色豊かな仏教美術の宝庫

鎌倉国宝館は鎌倉の貴重な文化財を保護する目的で、昭和3年(1928)に設立された。鶴岡八幡宮の境内にあり、鎌倉の寺社に伝わる彫刻、絵画、工芸、古文書など約5000点を収蔵する。主に鎌倉〜室町時代に制作されたもの、中国の宋・元から伝来したものが多く、京都や奈良の仏教美術と比べると、地方的、異国的な特色が強い。禅宗文化の影響も垣間見られ、中世日本の歴史や宗教、芸術の変遷にふれることができる。

☎0467-22-0753 ⓟ鎌倉市雪ノ下2-1-1 ⓐ9:00〜16:30(入館は〜16:00) ⓑ月曜(祝日の場合は翌平日)、展示替え期間、ほか臨時休館日あり ⓒ300〜600円(展覧会により異なる) ⓧJR鎌倉駅から徒歩12分 Ⓟなし

↑奈良の正倉院を模した高床式校倉風建築

薬師三尊像
やくしさんぞんぞう

もとは十二神将立像とともに辻薬師堂に置かれていた。一木造の薬師如来立像は、鎌倉では珍しい平安仏のひとつ。〈県文・鎌倉国宝館蔵〉

人頭杖
にんずじょう

閻魔大王が亡者を裁く際に使う杖。先端に並ぶ2つの人頭が、罪の軽重を感知するという。別名、檀拏幢(だんだどう)。〈重文・円応寺蔵〉

籬菊螺鈿蒔絵硯箱
まがきにきくらでんまきえすずりばこ
後白河法皇から源頼朝へ下賜されたものと伝わる。鎌倉時代前期の螺鈿、蒔絵の代表的作品で、繊細な細工が美しい。※9～10月開催の特別展「国宝 鶴岡八幡宮古神宝」で展示。〈国宝・鶴岡八幡宮蔵〉

獅子牡丹文硯台
ししぼたんもんけんだい
室町時代に作られた鎌倉彫の代表作。硯を入れるための約30cm四方の箱で、勢いのある獅子の写実的な表現が印象深い。〈県文・鎌倉国宝館蔵〉

十二神将立像 戌神
じゅうにしんしょうりゅうぞう じゅつしん
十二神将とは薬師如来を守る12名の武神。それぞれに十二支が割り当てられており、鎌倉国宝館の戌神は頭部の巻き毛が特徴的。〈県文・鎌倉国宝館蔵〉

倶生神坐像
ぐしょうじんざぞう
倶生神とは、人が生まれてから死ぬまで、常にその両肩に乗って一生の善悪を記録する2神。鎌倉時代の作。〈重文・円応寺蔵〉

傑作たちを訪ねる

↓薬師三尊像と十二神将立像。間近で見ると迫力に圧倒される

99

閻魔大王坐像
えんまだいおうざぞう

鎌倉時代の仏師・運慶作と伝わり、国の重要文化財。笑い顔に見えることから「笑い閻魔」とも。堂内には冥界の裁判官（十王）が祀られている。

円応寺 ➡ P.53
北鎌倉 MAP 付録P.5 E-4

観世音菩薩立像
かんぜおんぼさつりゅうぞう

南北朝時代に作られ、もとは三門の上に五百羅漢と一緒に祀られていた。頭に宝冠を載せ、左手に蕾の蓮華を持つ。

浄智寺 ➡ P.52
北鎌倉 MAP 付録P.4 C-3

武士の世から続くさまざまな祈りの姿
美しく、勇ましく。仏像の世界

武士の都で独自の発展を遂げた仏教美術。
鎌倉の寺社で、写実的で表情豊かな仏像の美しさが人々を魅了する。

美と出会う ● 美術館・博物館

宝冠釈迦如来坐像
ほうかんしゃかにょらいざぞう

華厳の盧遮那仏とも称され、金色の宝冠を被った威厳ある姿が目を奪う。頭部は鎌倉時代、胴部は江戸時代の作。左右に梵天、帝釈天を安置する。

円覚寺 ➡ P.45
北鎌倉 MAP 付録P.5 D-1

馬頭観音菩薩坐像
ばとうかんのんぼさつざぞう

室町時代の作で、江戸時代に寄進された客仏。六観音のなかで唯一忿怒相をとる馬頭観音は、鎌倉では珍しい。
薬王寺 ➡P.59
扇ガ谷 MAP 付録P.7 F-1

十一面観音菩薩
じゅういちめんかんのんぼさつ

長谷観音の名で親しまれ、錫杖を右手に携え、岩座に立つ独特の像容が特徴。高さ9.18m、日本最大級の木造仏。
長谷寺 ➡P.63
長谷 MAP 付録P.12 B-3

薬師三尊
やくしさんぞん

本尊の薬師如来像には仏面が納められ、この胎内仏を拝めるのは61年ごと。両脇には日光・月光菩薩像が祀られている。
海蔵寺 ➡P.59
扇ガ谷 MAP 付録P.7 E-1

仏像の世界

如意輪観音半跏像
にょいりんかんのんはんかぞう

鎌倉地方特有の仏像装飾の技法「土紋」が鮮やか。鎌倉で最も美しい仏像といわれる。
来迎寺 らいこうじ
西御門 MAP 付録P.10 A-1
永仁元年(1293)、一向上人が開山。本尊の阿弥陀如来像と地蔵菩薩像、如意輪観音像を祀る。
☎0467-24-3476 所鎌倉市西御門1-11-1 交要電話予約 休不定休 料200円 交大学前バス停から徒歩10分

阿弥陀如来　釈迦如来　弥勒如来
あみだにょらい　しゃかにょらい　みろくにょらい

それぞれ過去、現在、未来を意味する本尊の三世仏坐像。台座に長く垂れた衣に、中国宋時代の影響が見られる。
浄智寺 ➡P.52 北鎌倉 MAP 付録P.4 C-3

101

こだわりのアートに魅せられて
めいめいの輝きに満ちた
小さな美術館へ

古刹巡りの合間に、個性的な美術館を訪れてみよう。静かな空間で、時間を忘れてじっくりと美術の世界に入り込みたい。

↑くつろいだ空気に満ちた館内で、ゆっくりと作品を楽しみたい

北鎌倉 葉祥明美術館
きたかまくらようしょうめいびじゅつかん

北鎌倉 MAP 付録P.5 D-2

絵本の世界のような安らかな時が流れる美術館

画家であり、詩人であり、絵本作家でもある葉祥明氏が1991年に開設。2階建ての洋館の中には、サロンのような展示室があり、水彩画や油彩画、デッサンなどの原画が飾られている。淡くやさしい色調の絵画に心癒やされる空間だ。

☎0467-24-4860 所鎌倉市山ノ内318-4 開10:00〜17:00 休無休 料600円 交JR北鎌倉駅から徒歩7分 Pあり

↑おしゃれな洋館。インテリアも明るく温かみのあるものが揃う

↑春の風(水彩) ©葉祥明
やわらかな春の風を感じる作品。見ているだけで心が和む

→ハロー！ジェイク(水彩) ©葉祥明
想像力がかき立てられるやさしい絵。子どもから大人まで楽しめる

北鎌倉古民家ミュージアム
きたかまくらこみんかミュージアム

北鎌倉 MAP 付録P.4 C-2

築100年以上の古民家に個性豊かなアートが集う

福井県から移築した古民家を展示スペースとして活用。雛人形展やあじさい展など季節の展示のほか、ジャンルもさまざまな企画展を随時開催している。歴史ある建物や趣向を凝らした展示は、何度足を運んでも新たな発見がある。

☎0467-25-5641 所鎌倉市山ノ内392-1 開10:00〜17:00(企画により変動あり) 休無休(展示替えによる休館あり) 料500円 交JR北鎌倉駅から徒歩3分 Pなし

↑風情ある北鎌倉の街にたたずむ

↑6月は庭のアジサイが見事

↑広く開放的な空間で貴重な調度品や企画展示物をゆったり見学

鎌倉市鏑木清方記念美術館
かまくらしかぶらぎきよかたきねんびじゅつかん

小町通り周辺 MAP 付録P.8 C-2

情緒ある近代日本画を
和風建築で楽しむ

↑晩年まで過ごした画室を再現

近代日本画の巨匠・鏑木清方の旧居跡に建てられた和風建築の美術館。美人画や庶民の生活を描いた作品が展示されている。建物の一角には、清方の画室を再現。四季折々に花が咲く庭も見どころ。

↑庭にはアジサイをはじめ、清方が好んだ草花が植えられている

☎0467-23-6405 所鎌倉市雪ノ下1-5-25 営9:00～17:00(入館は～16:30) 休月曜(祝日の場合は翌平日) 料企画展200円、特別展300円 交JR鎌倉駅から徒歩7分 Pなし

鎌倉・吉兆庵美術館
かまくら・きっちょうあんびじゅつかん

小町通り周辺 MAP 本書P.41

和菓子の器として集めた
魯山人の作品を展示

↑北大路魯山人の作品約30点を展示

和菓子の店「宗家 源 吉兆庵」が手がける美術館。日本の文化や芸術を広めたいと、美食家、陶芸家として非凡な才能を発揮した北大路魯山人の作品を展示(入れ替えあり)。また、年4回企画展を開催している。

☎0467-23-2788 所鎌倉市小町2-9-1 営10:00～17:00(入館は～16:30) 休第1・3月曜(祝日の場合は開館)、展示替え期間 料600円、65歳以上480円 交JR鎌倉駅から徒歩3分 Pなし

↑茶室では空間と器が見事に調和

↑北大路魯山人による織マナ板大皿(上)、雲錦大鉢(下)

↑樋口一葉や泉鏡花などの文学を題材に描いた作品も展示

小さな美術館

鎌倉能舞台を訪れる

鎌倉で知る日本の伝統芸能

能楽を中心に日本古来の
伝統芸能の魅力を伝える

昭和45年(1970)に能楽の振興と普及を目的として創設。以来、定期公演「能を知る会」や体験活動の一環として学生向け公演などが行われている。公演のない日は、能楽博物館として公開。能舞台のほか、能面や装束、楽器などの展示を間近で見ることができ、能楽について楽しく学べる。

↑『吉野天人』など初心者にもわかりやすい公演や、有名な公演が多数。現代語、英文による字幕もあるので、初心者でも気軽にふれられる

↑和椅子に座って鑑賞。舞台が近くに感じられる

↑公演がない日は、舞台も博物館の一部として公開。実際に能楽で使用される小道具などが展示されている

鎌倉能舞台 長谷 MAP 付録P.12 B-2
かまくらのうぶたい

☎0467-22-5557 所鎌倉市長谷3-5-13 営開催日などはHPで確認 www.nohbutai.com 交江ノ電・長谷駅から徒歩10分 料要問合せ

能楽博物館
のうがくはくぶつかん

☎0467-22-5557 営10:00～16:00 休日曜・祝日(事前申込があれば見学可能) 料500円 P要問合せ

建築 ARCHITECTURE

近代鎌倉の、優雅な暮らしの軌跡
レトロ建築の面影に見る華やかな暮らし

かつて多くの華族や文化人が暮らした鎌倉。明治から昭和初期に建てられた洋風建築物が多く残る。

↑外観は和洋折衷、内部は当時流行したと考えられるアール・デコ様式が随所に

鎌倉文学館
かまくらぶんがくかん
築造 昭和11年
長谷 MAP 付録P.12 C-2

元首相も別荘とした鎌倉を代表する洋風建築

旧加賀藩主の系譜である前田家16代当主が建築。当時の鎌倉の代表的な別荘のひとつ。佐藤栄作元総理が別荘として使用した時期もある。国の登録有形文化財に登録されており、現在は鎌倉文学館として公開。

→P.107

↑庭園の南側にあるバラ園も見もの。600㎡にわたり約200種のバラが咲く

旧華頂宮邸
きゅうかちょうのみやてい
築造 昭和4年
金沢街道 MAP 付録P.11 D-4

静かな谷戸に位置する華族ゆかりの瀟洒な建物

華頂博信侯爵邸として建てられた洋館。古典的なハーフティンバー様式の外観と、建物南の幾何学的なフランス式庭園が特徴。通常庭園が一般公開されており、施設内は春と秋にのみ特別公開。

↑四季の花が咲く庭園と、柱や梁を現しにした特徴的な建築スタイルが端正な趣を見せる

↑当時の面影を残す内部。国の登録有形文化財に登録

美と出会う ●建築

ホテルニューカマクラ
御成町 MAP 付録P.7 F-4
大正浪漫漂うホテル 築造 大正13年

戦前に山縣ホテルという名で創業。モルタル塗りのドイツ壁や上げ下げ窓がレトロな情緒を感じさせる。

◆鎌倉駅の西口側に建つ。芥川龍之介と岡本かの子が出会った場所としても有名

石窯ガーデンテラス
いしがまガーデンテラス
金沢街道 MAP 付録P.11 D-3
浄妙寺の境内に建つ洋館 築造 大正11年

◆1階は改築しレストランに。希望があれば2階を案内してくれる

貴族院議員であった犬塚勝太郎氏の自宅。2階には美しいステンドグラスや当時の家具などが残されている。 ➡P.67

◆レストランでは石窯で焼いたパンや地元野菜を用いた料理がいただける

旧長谷子ども会館
きゅうはせこどもかいかん
長谷 MAP 付録P.12 C-2
華麗な外観の造形意匠

明治期の洋館の特徴である、華やかで手の込んだ造形意匠が見られる。ギリシャ建築の様式を取り入れたバルコニーやドアまわりの装飾が素晴らしい。見学は外観のみ。

築造 明治41年

◆明治期に、株の仲買人であった福島浪蔵の別邸として建てられた

湯浅物産館
ゆあさぶっさんかん
若宮大路周辺 MAP 本書P.42
昭和レトロな商業ビル 築造 昭和11年

看板建築と呼ばれるスクラッチタイル貼りの外観が目を引く。6連の上げ下げ窓も往時の面影を残す。

◆洋風の装飾を施した看板建築の代表格。吹き抜けのある内部も必見

旧安保小児科医院
きゅうあぼしょうにかいいん
御成町 MAP 付録P.7 F-4
貴重な洋風医院建築 築造 大正13年

◆1995年までは、小児科医院として用いられていた

三方に設けられた切妻屋根とハーフティンバーの壁が華やかな印象。内外共に当時の姿をとどめている。

寸松堂
すんしょうどう
由比ヶ浜 MAP 付録P.13 E-2
街のランドマーク的存在

鎌倉彫の老舗商店兼住宅。3階建ての塔を持つ建物は寺院建築と城郭建築に町家が融合したような独特なスタイル。現在も店舗として運営している。

築造 昭和11年

◆彫師・佐藤宗岳氏の店舗兼住宅として建築。店舗部分のみ見学可

古我邸
こがてい
扇ガ谷 MAP 付録P.7 F-3
歴史が息づく大豪邸 築造 大正5年

日本人初の英国王立建築士、桜井小太郎が設計。現在はフレンチレストランとして営業。 ➡P.124

◆皇族や富裕層の別荘地であった、鎌倉の歴史を物語る

レトロ建築

文学 / LITERATURE

文士たちが築いた作品と風土
日本の文学をリードした鎌倉文士たち

鎌倉に移住した作家たちのエネルギッシュな活動は、市民も巻き込み街の活性化に大きく貢献した。

○里見邸で開かれた新年会の様子。左から真船豊、大佛次郎、里見弴、久保田万太郎、川端康成、中山義秀。横須賀線の開通を機に文学者たちはこぞって鎌倉に移住した〈日本近代文学館蔵〉

美と出会う●文学

多くの文人が集い交流し作品を執筆

　明治に入り、鎌倉・湘南エリアは、温暖な気候や豊かな自然、歴史的な背景を持つ土地柄などから、保養・別荘地として注目を集めるようになった。明治22年(1889)に横須賀線が開通すると、アクセスが便利になったこともあり、昭和初期には、里見弴や久米正雄、大佛次郎、川端康成など、多くの作家や文学者が鎌倉に集まって暮らすようになり、「鎌倉文士」という言葉も生まれた。

　なかでも北鎌倉や由比ヶ浜、長谷周辺は、文士たちが好んで移住した土地として知られ、彼らの作品には、親しんだ土地や寺社の描写も多くみられた。

　文士たちは、自身の創作活動を行う一方、昭和9年(1934)から戦中の中断を挟んで30年余りにわたり、街中で仮装パレードなどを行う「鎌倉カーニバル」を開催。また、昭和20年(1945)には、貸本屋「鎌倉文庫」を開店した。いずれも中心となったのは、鎌倉ペンクラブ所属の鎌倉文士たちであった。彼らの活動は、当時、娯楽の少なかった市民たちにも喜ばれ、鎌倉の文学や文化の発展へとつながっていった。

○夏目漱石は明治27年(1894)から翌年にかけて円覚寺に参禅し、小説『門』や『夢十夜』を発表している〈県立神奈川近代文学館蔵〉

○芥川龍之介は大正5年(1916)から3年余りを由比ヶ浜や大町で過ごした。鎌倉文学館には直筆の原稿が展示されている〈日本近代文学館蔵〉

作家たちの鎌倉ライフとは？
ミュージアムで知る鎌倉文士

文化財保護とともにさまざまな新たな文化活動を興し、武士の街・鎌倉に新たな彩りを足した作家たち。当時の生活ぶりが今もそのまま残る場所で、彼らをより身近に感じたい。

鎌倉文学館
かまくらぶんがくかん

長谷 MAP 付録P.12 C-2

眺めの良い高台の洋館に
鎌倉文学者の資料を展示

旧前田侯爵家の別邸を改装し、昭和60年(1985)に開館。洋風アール・デコ様式に和風様式が混在したデザインの建物は、2000年、国の登録有形文化財に指定された。館内では鎌倉ゆかりの文学者の原稿や手紙、愛用品を展示し、文学者と鎌倉の関わりなども紹介。定期的に趣向を凝らした特別展も開催している。

☎0467-23-3911 ㊐鎌倉市長谷1-5-3 ㊇9:00～17:00(10～2月は～16:30)入館は各30分前まで ㊡月曜(祝日の場合は開館、5・6・10・11月は臨時開館あり)、展示替え期間 ㊛300～500円(展覧会により異なる) ㊋江ノ電・由比ヶ浜駅から徒歩7分 ㊟なし

⬆ミュージアムショップで販売しているブックマーカー各440円

⬆立派な洋館と広大な庭。戦後の一時は、佐藤栄作元首相が別荘として借りていた

⬆テラスからは海の景色が見える

⬆洋風の室内に和風の違い棚などがある展示室

⬆庭園では春と秋に約200種類250株のバラが咲く

鎌倉文士たち

吉屋信子記念館
よしやのぶこきねんかん

長谷 MAP 付録P.13 D-2

女流歴史作家の草分け
吉屋信子の家を保存し活用

『徳川の夫人たち』を書いた作家・吉屋信子が10年余りを過ごした邸宅。作家の遺志により、土地、建物などは鎌倉市に寄贈され、市民の学習施設として役立てられている(要予約)。内部は非公開で、外観のみ見学できる。

⬆生前の書斎や寝室が残る一軒家

☎0467-25-2030(鎌倉生涯学習センター) ㊐鎌倉市長谷1-3-6 ㊇㊛外観のみ見学可 ㊋江ノ電・由比ヶ浜駅から徒歩7分 ㊟なし

⬆昭和49年(1974)開館。市民によるグループ学習などに利用されている

107

名作の生まれた舞台、作家が愛した街
文豪の足跡をたどる

文豪たちの足跡や作品の舞台が鎌倉各地に散らばっている。
実際に足を運んで、名作が生まれた風景を見てみよう。

鎌倉に関連する文学作品と作家

作家	作品
芥川龍之介	『身のまはり』『袈裟と盛遠』
有島武郎	『或る女』
泉鏡花	『星あかり』
大佛次郎	『日蓮』『帰郷』
海音寺潮五郎	『蒙古来る』
葛西善蔵	『おせい』
川端康成	『千羽鶴』『山の音』
国木田独歩	『鎌倉妙本寺懐古』『運命論者』
久米正雄	『破船』
里見弴	『安城家の兄弟』
澁澤龍彥	『きらら姫』
島崎藤村	『春』
太宰治	『裸川』『道化の華』
立原正秋	『薪能』『鎌倉夫人』『流鏑馬』
谷崎潤一郎	『痴人の愛』
永井龍男	『秋』『電車を降りて』
夏目漱石	『門』『こゝろ』
武者小路実篤	『友情』　ほか

美と出会う●文学

↑夏目漱石が参禅した円覚寺帰源院では毎年4月29日の命日に合わせ「漱石の会」が開かれる

↑昭和35年(1960)頃の川端康成(左)と高見順(右)。鎌倉文庫の運営などでともに活動することが多かった。長谷の川端康成自宅にて〈日本近代文学館蔵〉

太宰治が心中体験をもとに『道化の華』を書いた。

昭和5年(1930)、小動岬で心中を図った太宰治が収容された病院。

108

文豪の足跡をたどる

大船駅　　横浜市

常楽寺卍

北鎌倉駅
北鎌倉女子学園高・中

円覚寺 P.45
北鎌倉
東慶寺
明月院卍 **明月院** P.52
浄智寺 P.52
勝上ヶ嶽
建長寺 P.48
鎌倉学園高・中
亀ヶ谷
覚園寺卍
★大平山 P.54
天台山▲
里見弴旧居
梶原
海蔵寺卍 P.59
源氏山
浄光明寺卍 P.58
英勝寺 P.58
鶴岡八幡宮 P.35
鎌倉宮 P.68
瑞泉寺卍
鎌倉霊園
銭洗弁財天宇賀福神社 P.56
佐助稲荷神社 P.59
寿福寺 P.58
大佛次郎旧宅
若宮大路
妙隆寺 P.38
浄妙寺卍 P.67
報国寺卍 P.66
明王院卍 P.55
イエズス会鎌倉修道院
卍光触寺
鎌倉駅
鎌倉市役所
高徳院 P.62
大仏
鎌倉文学館★ P.107
吉屋信子記念館 P.107
鎌倉女学院高・中
和田塚駅
川端康成旧居
由比ヶ浜駅
野間西洋洗濯店跡
妙本寺 P.71
安養院 P.72
逆川
安国論寺 P.73
長谷寺 P.63
御霊神社 P.64
成就院 P.64
海月楼跡 P.64
由比ヶ浜
釈迦堂切通し
衣張山▲
九品寺卍
材木座
材木座海岸
光明寺 P.70
和賀江嶋
横須賀線

鎌倉カントリークラブ
鎌倉パブリックゴルフ場
称名寺卍
鎌倉学園高・中
散在ガ池森林公園

逗子駅
京急逗子線
逗子・葉山駅
逗子市役所
逗子開成高・中
高養寺卍
披露山公園
小坪漁港
小坪マリーナ
大崎公園
不如帰碑

▲六国見山
▲天台山
小袋谷川
仮粧坂

【説明ボックス】

夏目漱石の『門』に登場する。

帰源院　夏目漱石の『門』や島崎藤村の『春』にそれぞれの参禅のさまが描かれている。

松嶺院　大正8年（1919）に有島武郎が滞在し『或る女』の後編を執筆した女性の墓がある。

仏日庵　川端康成『千羽鶴』の舞台。

墓地　田中絹代、開高健などの墓がある。

御菓子司こまき　川端康成、里見弴、高見順らが好んだ店。

光泉　久保田万太郎、村松梢風らが好んだいなり寿司の店。

高見順『胸に登れよ』碑。

小林秀雄、水穂、西田幾太郎、堀田善衛の墓がある。

高見順の墓がある。

島木健作、澁澤龍彦らの墓がある。

原立原正秋が居を構え、『雪の鐘』『帰郷』『なにを…を』執筆した。

与謝野晶子、星野立子の句碑がある。

『山の音』の主人公のモデルの非公開。

大佛次郎や高浜虚子の眠る。

吉屋信子の邸宅が期間限定で公開。

澁澤龍彦が昭和62年（1987）に亡くなるまで明月院の近くに住んだ。

三島由紀夫がここで湘南の海の眺望を綴った。

大正8年（1919）蔵が宝珠院で過ごし『おせい』の中で描かれている。

ネスはイベントサロリ「西御門サロー」として利用されている。自らが設計した家で現在…

立原正秋が『流薪能』を著した悲恋を背景に…

本屋『鎌倉文庫』開店。昭和20年（1945）、貸。

芥川龍之介は大正5〜8年（1916〜19）、この近くに下宿。

大正14年（1925）、萩原朔太郎が移る。

明治35年（1902）、国木田独歩が町内の借家に住んでいた。

大正5年（1916）、萩原朔太郎が『月に吠え』る、を編集。

高浜虚子の句碑や山樺牛の胸像、居山雄…句碑跡があ住高正…

夏目漱石が『こゝろ』で描写した土地。大佛次郎は鎌倉高等女学校の教師として就職、こ…

大正11年（1922）、大佛次郎は鎌倉高等女学校の作品内にも多々登場する。

北鎌倉の名店「光泉」（P.141）のいなりは鎌倉文士たちからも愛された味

109

とんかつヒレ(4切れ)
定食1980円
サクサクの衣に包まれたヒレ肉はやわらかく、濃厚な肉の旨みがしっかりと感じられる

↑家庭的な雰囲気で、気さくな店主との会話も楽しい

銀幕のスターも訪れた
素朴で温かみのある店

とんかつ 小満ち
とんかつこまち
小町通り周辺 **MAP** 本書P.41

昭和22年(1947)の創業以来、この店を贔屓にした著名人は数多い。名だたる鎌倉文士のほか、映画俳優も頻繁に訪れたという。上質の国産豚をカラッと揚げたとんかつは、軽くて胃にもたれず、女性や年配者にも好評。里見弴が愛したカニコロッケも美味。

☎0467-22-2025
所 鎌倉市小町1-6-12　営 11:30~19:30
休 火曜　交 JR鎌倉駅から徒歩2分
P なし

予約	不可
予算	L D 1500円~

今に伝わる作家たち自慢の名物グルメ
鎌倉文士が愛した店と味

作家、文学者や映画人など多くの文化人が、鎌倉に暮らし活動するなかで愛した鎌倉のグルメ。当時の空気を感じながら名店の味を楽しみたい。

美と出会う ● 文学

大佛次郎『敗戦日記』に
幾度となく登場する老舗

中国料理 二楽荘
ちゅうごくりょうり にらくそう
小町通り周辺 **MAP** 本書P.42

昭和9年(1934)創業。川端康成、大佛次郎、久米正雄、里見弴、そうそうたる文士たちが集った店として知られ、その様子は大佛の『敗戦日記』に数多く記されている。川端や大佛らが「いつものみやげ」として持ち帰った花シュウマイが看板メニュー。

ランチ限定コース 3080円
料理2品に前菜、デザートなどが付いたお得なコース。2名以上で注文可

花シュウマイ(2個) 528円
鹿児島産黒豚をモチモチの薄皮で包んだジューシーな逸品。大ぶりで食べ応え十分

☎0467-22-0211
所 鎌倉市小町2-7-2
営 11:30~19:30(LO19:00)
2階宴会室は~21:00(LO20:00)
休 不定休
交 JR鎌倉駅から徒歩3分　P あり

予約	可
予算	L D 3000円~

↑総席数270を誇る広々とした店内

110

日本映画界の巨匠が好んで食した特製の天丼
天ぷら ひろみ
てんぷら ひろみ
小町通り周辺 MAP 本書P.41

小津安二郎や小林秀雄をはじめ、各界で活躍した文化人が通った名店。小津は、天丼の天ぷらをつまみに熱燗を飲み、最後にタレが染みたご飯を食べるのが常だったという。昼は手ごろな定食も人気。

☎0467-22-2696
所 鎌倉市小町1-6-13 寿ビル2F
営 11:30～14:00 17:00～19:30
休 水曜
交 JR鎌倉駅から徒歩2分　P なし

予約 昼は不可、夜は要
予算 L|D 4000円～

→独自に配合した油で、手際よく揚げる

小林丼 3870円
小林秀雄が好んだかき揚げ、穴子、白身魚をのせた天丼。穴子の骨の素揚げが添えられる

小津丼 3870円
かき揚げ、車エビ、白身魚、野菜がのった小津安二郎好みの天丼。エビはかまの素揚げが付く

→昭和33年(1958)創業。現在は2代目と3代目が先代の味を受け継ぐ

昭和の雰囲気漂う空間で名物のホットケーキを
イワタコーヒー店
イワタコーヒーてん
小町通り周辺 MAP 本書P.41

☎0467-22-2689
所 鎌倉市小町1-5-7
営 9:30～18:00
休 火曜、第2水曜
交 JR鎌倉から徒歩1分
P なし

川端康成や大佛次郎ら鎌倉文士が、足繁く通ったレトロな喫茶店。ジョン・レノンが来店したことでも知られる。約30分かけて焼き上げるホットケーキは、ネルドリップで淹れるコーヒーとよく合う。

↑70年以上の歳月を経てきた店内。庭を望む明るいサンルーム席がおすすめ

予約 不可
予算 L 1000円～

ホットケーキ 880円
分厚いホットケーキが二段重ねで登場。こんがり焼けた表面は香ばしく、中はフワフワの食感が楽しめる

創業60年の歴史を誇る鎌倉駅前の老舗パーラー
パーラー扉
パーラーとびら
小町通り周辺 MAP 本書P.41

☎0467-25-0505
所 鎌倉市小町1-6-20 3F
営 10:00～17:30
休 火曜(祝日の場合は営業)
交 JR鎌倉駅から徒歩1分
P なし

店名「扉」は、俳人・久保田万太郎が命名。川端康成、大佛次郎、高見順といった鎌倉文士をはじめ、画家や彫刻家、演劇関係者も常連客に名を連ねた。創業当時から伝わるオリジナルメニューが自慢。

予約 不可
予算 L 1200円～

↑鳩サブレーで有名な豊島屋の直営

↑創業時からの名物ホットドッグ450円。炒めた玉ネギが挟んである

パンドラ 700円
スポンジケーキにバニラアイスをのせ、チョコレートをたっぷりかけたオリジナルメニュー

鎌倉文士が愛した店と味

映画 CINEMA

フィルムに焼き付けられた美景を探す
日本映画の巨匠が愛した地
小津映画と鎌倉

世界的な評価を受け多くの後続に影響を与えた、日本映画を代表する巨匠・小津安二郎。「小津調」と呼ばれる独自のスタイルを築きあげる拠点となったのが、鎌倉の地だった。

小津映画の名場面を飾る鎌倉の風景

庶民の日常を静謐な映像美で描いた映画監督・小津安二郎。鎌倉の美しい風景を愛した小津は、この地を舞台に傑作『晩春』『麦秋』を生み出した。撮影は、松竹大船撮影所のほか鎌倉各地で行われ、高徳院や寿福寺をはじめ随所にロケ地が点在。鶴岡八幡宮、北鎌倉駅、扇ガ谷踏切、国道134号なども、印象的なシーンに登場する。

小津は、鎌倉に近い茅ヶ崎の旅館「茅ヶ崎館」を定宿として、数々の脚本を執筆した。晩年は北鎌倉に居を構え、里見弴、大佛次郎ら鎌倉ゆかりの文化人と幅広く交流し、互いに影響を与え合ったという。日本映画の黄金期を支えた松竹大船撮影所は、2000年に惜しまれつつ閉鎖された。しかし、鎌倉界隈には、小津が残した名作の面影が、今も息づいている。

➡ 寺社以外にも、由比ヶ浜海岸や北鎌倉駅など、多くの風景が登場している

小津安二郎監督作品ゆかりの寺社

高徳院
こうとくいん

大仏の前で、キャラメルを包み紙ごと食べてしまうシーンで昭和26年(1951)公開の『麦秋』に登場。

➡ P.62　長谷　MAP 付録P.12 C-2

寿福寺
じゅふくじ

昭和24年(1949)に封切られた『晩春』。その冒頭に登場する寺の屋根は、寿福寺のものといわれている。

➡ P.58　扇ガ谷　MAP 付録P.7 F-2

浄智寺
じょうちじ

小津映画の看板俳優・笠智衆が、インタビューの場所としてよく指定した寺。近くには小津邸があった。

➡ P.52　北鎌倉　MAP 付録P.4 C-3

鎌倉の風情と、世界の映画を楽しめる
鎌倉市川喜多映画記念館
かまくらしかわきたえいがきねんかん

小町通り周辺　MAP 付録P.8 C-1

映画の発展に大きく貢献した川喜多長政・かしこ夫妻の旧宅跡に建つ。常設展のほか、年に4回ほどテーマが変わる企画展を開催し、貴重な映画資料を展示。国内外の映画上映やトークイベントなども行う。

➡ 川喜多夫妻旧宅跡に2010年に開館

☎ 0467-23-2500　所 鎌倉市雪ノ下2-2-12
営 9:00〜17:00(入館は〜16:30)　休 月曜(祝日の場合は翌日)　料 企画展200円〜、映画鑑賞1000円〜　交 JR鎌倉駅から徒歩8分　P なし

➡ 広く映画の世界にふれられる展示室

GOURMET
Kamakura

食べる

目の前の海で獲れる、しらすをはじめとした魚介、すっかり有名になった色とりどりの鎌倉野菜など、自然に恵まれた街ならではの味覚を楽しみたい。雰囲気のいいレストランやカフェも数多くある。

とっておきの店で過ごす「食」時間

店主の創意と最新の技術が繊細かつ斬新な和食

創作和料理 近藤
そうさくわりょうり こんどう
若宮大路周辺 **MAP** 本書P.43

京都出身の店主が織りなすのは、京野菜や鎌倉野菜を繊細に盛り込んだ懐石料理。食材はもとより、水の性質も見極め、料理によって巧みに使い分ける。最新の調理機器も積極的に取り入れ、これまでにない味や食感を追求。伝統を重んじつつ、常に新たな和食を創造し続ける。

☎0467-25-0301
所鎌倉市雪ノ下1-8-36 津多屋ビル1F-3号
営11:30～15:00(LO14:00) 17:30～21:00(LO20:00) 休水曜、第2木曜 交JR鎌倉駅から徒歩10分 Pなし

予約	望ましい
予算	L 4000円～
	D 6500円～

→鶴岡八幡宮の近くにあり、カウンター席とテーブル席を備える

昼のコース「味彩」5390円
秋の風情あふれる八寸。低温で加熱した味噌漬けローストビーフは、中まで味が染みて美味（写真はコース料理の一部）

食べる●鎌倉ごはん

古都鎌倉の贅を尽くした味わい

華やぎのある和の美食

古都の四季を繊細に映し出す、彩り豊かな料理の数々。和食の真髄を究めた料理人の技が見事に冴えわたる。

地の食材を存分に生かした滋味あふれる料理に舌鼓

鎌倉 阿寓
かまくら あぐう
二階堂 **MAP** 付録P.10 C-2

鎌倉宮近くにたたずむ一軒家。東京「吉兆」で18年研鑽を積んだ料理長が、素材の見極めから盛り付けまで、一切手抜きのない料理を披露する。野菜は地元の旬素材、魚は佐島や小坪の地物を中心に厳選。だしが香る椀や、炊き込みご飯も味わい深い。

→畳に椅子を配した店内

☎0467-25-3299
所鎌倉市二階堂93-25
営12:00～15:00 17:00～22:00(LO20:00) 休水曜(祝日の場合は営業) 交大塔宮バス停から徒歩1分 Pなし

昼のコース「豊楽」4400円
平日昼のみのコース。旬の魚を盛り合わせたお造り2～3種。見た目も美しい鱧の椀は、鱧のだしがふわりと広がる（写真はコース料理の一部）

予約	要
予算	L 4500円～
	D 6500円～

正統派の和食と手打ちそばを
多彩なカクテルとともに

割烹・蕎麦 波と風
かっぽう・そば なみとかぜ
長谷 MAP 付録P.12 B-2

☎0467-95-1988
所鎌倉市長谷1-16-21 新倭人館2F 営17:30〜22:00 土・日曜12:00〜14:00(要予約) 17:30〜21:00 休月曜、ほか不定休 交江ノ電・長谷駅から徒歩5分 Pなし

和食料理人とバーテンダーの夫妻が営む割烹。おまかせで供されるのは、旬の素材を吟味した料理の数々。丹念な下ごしらえ、絶妙な火入れなど、妥協を許さない確かな仕事ぶりが見てとれる。締めには、特製の石臼で自家製粉した十割そばを。

→居心地のよいカウンター席

予約	要
予算	L 5000円〜 / D 8000円〜

ざる蕎麦 1080円
コシが強く香り豊かな打ちたてそばは、意外にもジントニックと相性ぴったり

昼のおまかせ 5000円〜
炭火で炙ったサワラとスミイカの刺身。海老芋とホウレン草の煮物は、上品なだしが素材によく染み込み、奥深い味わい
(写真はコース料理の一部)

古都の情緒に包まれながら
季節感あふれる料理を堪能

北鎌倉 円
きたかまくらえん
北鎌倉 MAP 付録P.4 C-1

円覚寺の白鷺池を望む店内は、意匠を凝らした数寄屋造り。そんな趣ある空間で、旬を敏感にとらえた懐石料理が楽しめる。腕をふるうのは、老舗日本料理店で修業した店主と、その技を受け継ぐ2代目。素材に寄り添い、だしを利かせた奥ゆかしい味わいが、体に染みわたる。

☎0467-23-6232
所鎌倉市山ノ内501 営11:30〜14:00(LO13:30) 17:00〜21:00(入店は〜18:30) 休月曜 交JR北鎌倉駅から徒歩1分 Pなし

予約	昼は望ましい、夜は要
予算	L 5000円〜 / D 7000円〜

→階段を上った先に、和の空間が広がる

→16席のみの、こぢんまりとした店内

昼のコース「梅」4280円
先附は、鎌倉の豆腐を使ったフルーツの白和え、葉山牛の時雨煮。焚合せは、冬瓜、里芋、栗、いんげん、ニンジンなど
(写真はコース料理の一部)

華やぎのある和の美食

地元客に長年親しまれる
昔ながらの家庭的な寿司店

かまくら小花寿司
かまくらこはなずし

由比ヶ浜 **MAP** 付録P.12 C-3

昭和51年(1976)創業の寿司店。相模湾の地魚や、豊洲から仕入れる貝類など、新鮮なネタをていねいに握った寿司に定評がある。18種類ほどの魚介を盛り込んだ二段重ねの特上ちらしもおすすめ。気さくな接客や肩肘張らない雰囲気にも心和む。

特上にぎり 3520円
ウニやトロなど上質なネタが満載。シャリとネタとの一体感も絶妙だ。生しらすが付くことも

☎0467-23-0490
所鎌倉市長谷1-11-13 営12:00～15:00(LO14:30) 17:00～23:00(LO22:00) 休水曜(祝日の場合は翌日) 交江ノ電・由比ヶ浜駅から徒歩3分 Pあり

予約 望ましい
予算 LD 3000円～

◆親子2代で握る寿司が評判。家族経営ならではの温かみも魅力

食べる●鎌倉ごはん

食通も納得。旅先で贅沢を味わう

とっておきの寿司

凛とした空気が漂う高級店、
地元の常連客が足繁く通う気取らない人気店。
それぞれに魅力的なおすすめの店を厳選してご紹介します。

鎌倉駅前の名店で
新鮮な地魚が味わえる

すし処 きみ
すしどころきみ

小町通り周辺 **MAP** 本書P.41

戦後間もなく創業した高級料理店「御代川」の流れをくむ。葉山漁港や長井漁港など地元の旬の地魚を中心に、葉山牛の炙り握りなど、鎌倉ならではの味覚が楽しめる。高級店らしい落ち着きのあるたたずまいだが、お手ごろなランチメニューもある。

☎0467-25-4141
所鎌倉市小町1-4-1 営11:00～21:00(LO20:30) 休無休 交JR鎌倉駅からすぐ Pなし

予約 望ましい
予算 L 1760円～
D 2000円～

◆JR鎌倉駅東口からロータリー越しに見える好立地

◆カウンターにはネタケースがなく、すっきりモダンな雰囲気

板長おまかせコース 5500円
前菜、刺身、地魚の煮付け、サザエのつぼ焼き、茶碗蒸し、地魚中心の握り、味噌汁、デザートが付く

◆葉山牛の炙り握り1貫880円。適度にサシが入り、口の中でとろける

おいしいそばを追求し続ける店主が打つ十割そば
手打ちそば 千花庵
てうちそば ちはなあん
若宮大路周辺 MAP 付録P.9 F-1

十割そばが味わえるお店で、そば通も多く訪れる。店主こだわりの十割そばは、まずは何もつけずに、そば本来の香りや甘みを楽しみたい。また、日替わりで産地の異なる2種類のそばの食べ比べができる。そばのおいしさを引き立てるサイドメニューも充実。

☎0467-22-6517
所 鎌倉市西御門2-6-13 営 11:00～15:00(LO14:30) 休 月曜(祝日の場合は翌火曜)
交 岐れ道バス停から徒歩3分 P なし

予約	11:00来店の場合のみ可
予算	[L]1500円～

天然大海老と野菜天付 ざる蕎麦 2500円(税抜)
十割そばと、薄い衣で揚げた豪快なエビ天にシイタケ、玉ネギなどの野菜天が付く

豊かな喉ごしや香りを楽しむ
そばの名店

そばの基本は、挽く、練る、のばす、切る。
シンプルな工程だからこそ、職人の実力が引き立つ。
そんな奥深いそばを堪能できる名店を訪ねたい。

→鶴岡八幡宮にほど近い閑静な住宅街のなかにたたずむ

→恵寿卵のだし巻き玉子720円。神奈川県産の卵で、色の濃い卵黄が特徴の恵寿卵が、だしと絶妙に合う

こ寿々そば 1180円
三つ葉、海苔、揚げ玉、大葉、大根おろし、ゆずが入った風味豊かな細打ちそば。つゆをかけてツルッと喉ごし良くいただく

契約栽培のそばを使用 デザートのわらび餅も人気
段葛 こ寿々
だんかずら こすず
若宮大路周辺 MAP 本書P.42

すべて手打ちで提供されるそばは、長野の蓼科高原で契約栽培する玄そばを自家製粉したもの。毎朝銅鍋で練り上げられるわらび餅も人気で、手みやげとして買い求める人も多い。店内では作りたてが食べられる。

☎0467-25-6210
所 鎌倉市小町2-13-4 営 11:30～19:00(LO18:30) 休 月曜(祝日の場合は翌日) 交 JR鎌倉駅から徒歩8分 P なし

予約	不可
予算	[L][D]870円～

→独特の弾力ととろける食感のわらび餅600円も名物。持ち帰りはプチサイズ390円～

→若宮大路のなかでも目立つ、レトロな木造建築の店

とっておきの寿司 そばの名店

しらすづくし定食 1980円
生しらす、かき揚げ、釜揚げしらす、タタミイワシ、ちりめん佃煮で鎌倉のしらすを満喫

↑開放感あるエントランス

↑大きな生け簀が目を引く店内

網元直営店だから味わえる
種類豊富な絶品しらす料理

しらすや 腰越漁港前店
しらすや こしごえぎょこうまえてん

腰越 **MAP** 付録P.17 D-2

しらすづくし定食、しらす丼など、しらす料理は10種類以上。ぷりぷりとして苦みが少なく、ほんのりとした甘さが絶品の生しらすをはじめ、手作りの釜揚げしらす、タタミイワシなどが楽しめる。鮮度抜群の魚介料理も豊富だ。ドライブインでは、しらすかき揚げなどを持ち帰りできる。

☎ 0467-33-0363
所 鎌倉市腰越2-10-13　営 11:00～22:00(LO 21:00)　休 木曜　交 江ノ電・腰越駅から徒歩3分　P あり

予約	可
予算	L D 990円～

鮮度バツグンのしらすや地魚に舌鼓
海辺の街の美味しい魚料理

相模湾の豊富な漁場に恵まれた鎌倉。その日に水揚げされたしらすをはじめ、旬の魚を使った刺身や煮魚など、魚料理のおいしさは折紙付きだ。

鎌倉の海、山の幸を
彩り豊かな料理でいただく

鎌倉 秋本
かまくら あきもと

小町通り周辺 **MAP** 本書P.41

「鎌倉ならではの食材を最高の形で味わってほしい」、そのために料理長が地元の漁師、農家まで何度も足を運び、味、調理法を研究した。しらす丼は、土佐醤油、大葉・しょうがの薬味、濃厚な温泉卵で3度のおいしさを堪能でき、野菜の天ぷらは野菜の歯ごたえと甘さを味わえる。

☎ 0467-25-3705
所 鎌倉市小町1-6-15 アイザ鎌倉3F　11:00～15:30(LO15:00) 17:00～20:00(LO19:30)　休 木曜　交 JR鎌倉駅から徒歩1分　P なし

↑小町通りそばの便利な立地

↑清潔で明るい店内。窓格子が繊細でとても美しい

予約	不可
予算	L D 1650円～

鎌倉づくし 2640円
釜揚げしらす、生しらすとさまざまな鎌倉野菜とを同時に味わうことができる

本格会席料理と旬の地魚を
焼き物、煮物、刺身で味わう

鎌倉前 魚源
かまくらまえ うおげん

由比ヶ浜 **MAP** 付録P.13 D-3

予約 要
予算 L D 3900円〜

コースの内容は、その日に相模湾で揚がった魚を中心に決める。新鮮な魚を刺身、煮付け、焼き物で味わえるのはもちろん、全国から取り寄せた旬の食材をこだわりの一品に仕上げた本格的な会席料理が楽しめる。「鎌倉会席」では、約9品の料理が味わえるうえ、良心的な値段もうれしい。

☎0467-24-8223
所 鎌倉市由比ガ浜3-10-11 営 12:00〜14:30 17:00〜20:00(前日までの予約が必要) 休 月・火曜
交 江ノ電・由比ヶ浜駅から徒歩1分 P なし

鎌倉会席 3900円
エボダイの煮付けと全国の旬の食材を熟練の技で仕上げた彩り豊かな品々。器も美しい

💡 茶室もある店内。和風のしつらえが温かく、落ち着いた本格会席を味わうことができる

海辺の街の美味しい魚料理

磯の香り豊かなしらすを
心ゆくまで堪能する

しらす問屋 とびっちょ
江の島本店
しらすどんや とびっちょ えのしまほんてん

江ノ島 **MAP** 付録P.16 B-4

厳選した生しらすをはじめ、質の高い魚介を使ったバラエティ豊かな料理が揃う。丼は直径24cmあるビッグサイズで、ご飯が見えないほど海鮮がてんこ盛り。海の幸を味わい尽くしたい人におすすめ。

☎0466-23-0041
所 藤沢市江の島1-6-7 営 11:00〜21:00(LO20:00) 休 無休 交 江ノ電・江ノ島駅から徒歩15分
P なし

とびっちょ丼
2080円
マグロやエビなど10種のネタをふんだんに使った人気No.1

予約 可
予算 L D 1080円〜

💡 店先でおみやげも購入できる(左)、大きなかき揚げにしらすがのったボリューム満点のしらすかき揚げ丼1100円(右)

119

採れたて自慢、味自慢。
鎌倉野菜を使

仙台牛イチボ(A5)のロースト ソーストリュフ 旬の食材添え
やわらかく旨みのあるイチボを野菜の甘みとソースのコクが引き立てる（写真はコース料理の一部）

→フォアグラのポアレ モリーユ茸のソース ヤングコーン添え

食べる●鎌倉ごはん

鎌倉の食材を存分に生かす本格フランス料理の名店
ミッシェルナカジマ

予約 望ましい
予算 L 4000円～
　　 D 8500円～

常盤 MAP 付録P.6 A-3

公邸料理人として外務大臣から表彰された経験を持つ中嶋シェフの料理は、旬の食材や彩り豊かな鎌倉野菜を存分に生かした目にも舌にもうれしい一品。ワインは約250種類、フランス中心のものを幅広く取り揃えている。スタッフのていねいな接客も評判で、気兼ねなく食事が楽しめる。

☎0467-32-5478
所 鎌倉市常盤648-4 スカイ鎌倉1-1F
営 12:00～14:00(LO)、土・日曜、祝日は～LO13:30　18:00～20:00(LO)
休 月曜
交 JR鎌倉駅から車で5分／仲ノ坂バス停から徒歩1分
P あり

↑白を基調とした店内。窓からの景色も美しい

自家栽培の露地野菜をたっぷり使ったイタリアン
オステリア ジョイア

予約 望ましい
予算 L 2000円～
　　 D 5000円～

御成町 MAP 付録P.7 F-4

オーナーソムリエが土づくりから手がけた自家畑は、およそ2000㎡。肥料や農薬を極力使わず、野菜やハーブを露地栽培する。その日に収穫した野菜のおいしさを、存分に引き出した料理は格別。ワインは200種類ほど揃い、好みや料理に合わせて選んでくれる。

☎0467-24-6623
所 鎌倉市御成町13-40 ヒラソル鎌倉1A
営 11:30～14:30(LO) 17:30～21:00(LO)
休 水曜、第2・3火曜（祝日の場合は翌平日）
交 JR鎌倉駅から徒歩1分
P あり（契約駐車場・有料）

↑暖色を基調とした店内はぬくもりのある雰囲気。野菜だけでなく、魚や肉料理にも定評がある

↑JR鎌倉駅西口を出て、線路沿いの道を北に進む。イタリア国旗が目印

畑の温野菜とサラダ アンチョビソース 1200円
10種類以上の旬野菜を一皿に。野菜本来の味やみずみずしい食感が堪能できる

豊かな土壌で育った鎌倉野菜は、味が濃厚で栄養たっぷり。地元ならではの鮮度もうれしい。

った逸品

毎朝仕入れる新鮮野菜を主役に据えたフランス料理
PaPa Noel
パパノエル

由比ヶ浜 MAP 付録P.13 D-3

イタリアンの要素を取り入れたカジュアルフレンチの店。使用する鎌倉野菜は毎朝即売所から仕入れるため、鮮度抜群。肉や魚料理にも野菜がふんだんに盛り込まれ、どの品を頼んでも、旬野菜が満喫できる。店主の実家は果樹園とあって、畑直送の果実を使ったスイーツも好評だ。

予約 望ましい
予算 L 2500円～ D 4000円～

☎0467-24-9774
所 鎌倉市由比ガ浜3-11-41
営 11:30～14:00(LO) 18:00～21:00(LO)
休 水曜、ほか不定休
交 江ノ電・由比ヶ浜駅から徒歩3分
P あり

↑気軽に立ち寄れる家庭的なビストロ
→全14席の小さな空間。シンプルな内装が心地よい

ベーコンのグリエとパルミジャーノ鎌倉野菜のサラダ 1404円
20～30種類ほどの野菜が味わえる一品。肉厚のベーコンが野菜の味をより引き立てる

ディナーコース 7000円
前菜の一皿の「魚介と鎌倉野菜のサラダ」

鎌倉野菜を使った逸品

鎌倉野菜と地魚をシンプルフレンチで味わう至福
ビストロ ラ・ペクニコヴァ

北鎌倉 MAP 付録P.4 A-4

緑の多い閑静な住宅街にある、隠れ家のようなビストロ。シェフは都内ホテルや日本大使館で料理人として腕を磨いたキャリアを持つ。毎朝、地元の市場や逗子の漁港へ赴き、食材を自ら見定める。ワインはフランス産のほか、日本では珍しいスロバキアワインなども取り揃えている。

☎0467-39-5092
所 鎌倉市山ノ内1149-8
営 11:30～13:30(LO) 18:00～20:00(LO)
休 水曜のディナー、木曜(祝日の場合は営業)
交 JR北鎌倉駅から徒歩15分
P あり(要予約)

予約 要
予算 L 3000円～ D 7000円～

↑隠れ家という言葉がぴったりな入口
↑温かみのある店内にはセンスの光る小物が配されている

121

懐かしさと心地よさに癒やされて
古民家に美食のとき

古都の風景に溶け込む古民家が、モダンなレストランに変身。日本家屋の情緒に包まれて、ほっと心安らぐひとときを。

店内は古民家らしい和風の造りと洋風の調度品がマッチしている

庭の緑を眺めながら味わうオーガニックイタリアン

イタリア料理

ESSELUNGA
エッセルンガ

長谷 MAP 付録P.12 B-3

築約100年の古民家。ツタに覆われた玄関を抜け、靴のまま部屋へ。国内外から厳選したオーガニック食材そのものの味を生かした、繊細な盛り付けの料理が自慢。自然派ワインも人気がある。

予約	望ましい
予算	L 2200円〜 / D 6500円〜

☎0467-24-3007
所 鎌倉市長谷1-14-26
営 11:30〜15:00(LO14:00) 17:30〜21:30(LO20:30)
休 不定休
交 江ノ電・長谷駅から徒歩5分
P なし

ランチコース2000円より。旬の食材を使った本日の前菜、メインは北海道産どろ豚のグリル。ドリンクは国産有機抹茶

黒を基調とした和洋折衷の店内 上品な雰囲気があふれる

風情あふれる日本家屋でいただく本格そば

そば／日本料理

鎌倉 松原庵
かまくらまつばらあん

由比ヶ浜 MAP 付録P.13 D-3

店は築70年ほどの日本家屋を改装した趣のあるたたずまい。座席はテーブル、座敷、テラス席から選べる。名物は風味・喉ごしの良い二八そばと鎌倉野菜を取り入れた料理。店の内装から接客まですべてにこだわりが感じられる名店だ。

予約	可
予算	L 2000円〜 / D 5000円〜

☎0467-61-3838
所 鎌倉市由比ガ浜4-10-3
営 11:00〜21:00(LO)
休 無休
交 江ノ電・由比ヶ浜駅から徒歩3分
P あり

併設のカフェではネルドリップのコーヒーと全粒粉を使った手作りスコーンが味わえる

由比3190円。彩り7種の盛り合わせ、旬野菜の天ぷら、そばといった味もボリュームも満足の一品

落ち着いた空間で料理を楽しむ大人の隠れ家

フランス料理／イタリア料理

航 北鎌倉

こうきたかまくら

北鎌倉 **MAP** 付録P.4 B-1

予約	要
予算	L 3800円～ D 5800円～

閑静な住宅街にたたずむ築約70年の古民家レストラン。店内の調度品、緑あふれる庭が上品な雰囲気を醸し出す。料理はフレンチ、イタリアンを掛け合わせたオリジナル料理。なかでも1日かけて作るソースは食材の旨みが凝縮された逸品。

☎0467-45-6811
所 鎌倉市山ノ内856-5
営 11:30～15:00(LO13:30)
　18:00～22:30(LO21:30)
休 月曜
交 JR北鎌倉駅から徒歩7分
P なし

三浦半島で揚がった鮮魚や鎌倉野菜も楽しめる、お重のランチフルコース5800円。こだわりのソースが料理に深みを添える。ワインは国産を中心に100種類ほど

杉の一枚板のカウンターからは庭がよく見える。店内は落ち着いた雰囲気

古民家に美食のとき

鎌倉の野菜、鮮魚を正統派フレンチで

フランス料理

Restaurant Watabe

レストラン ワタベ

長谷 **MAP** 付録P.12 B-3

予約	可
予算	L 2000円～ D 4500円～

江ノ電の線路を渡り、大きな門をくぐると豪邸のような古民家が現れる。シェフが腕によりをかけて作るのは鎌倉の食材をふんだんに使ったフレンチ。ぬくもりが感じられる落ち着いた店内で、ゆっくりと食事を楽しめる。

☎0467-22-8680
所 鎌倉市坂ノ下1-1
営 11:30～15:00(LO14:00)
　17:30～22:00(LO21:30)
休 不定休
交 江ノ電・長谷駅から徒歩2分
P なし

⬆入口は江ノ電の線路沿いにある

⬆ランチBコース2700円。鎌倉野菜と地魚を中心とした前菜の盛り合わせ、本日のお肉、湘南小麦のプティパン、デザートとボリュームも満点

シンプルで温かみのある北欧家具が古民家とよく合う

食べる 鎌倉ごはん

築105年の歴史ある洋館で味わう美食
邸宅フレンチ 古我邸 こがてい

長い間非公開であった洋館がレストランとして生まれ変わって数年。
優雅な空間を求め、今も多くの人々を惹きつけてやまない。

1. 見晴らしの良い高台にたたずむ堂々たる建物。緑豊かな庭も美しい
2. 建築当初の面影を残しつつ、モダンな感性を取り入れて改装された
3. 兵庫県但馬産の鹿と黒文字
4. 山口県萩のクエ ブレザオラとドライトマト
※3、4とも、1万3310円のディナーコースのなかの一品

和食材を生かしたフレンチ

5000㎡の広大な敷地に建つ古我邸は、鎌倉三大洋館のひとつ。大正5年(1916)、三菱合資会社の重役・荘清次郎の別荘として建てられ、のちに浜口雄幸や近衛文麿らの別荘としても利用された歴史を持つ。

長らく一般非公開だったが、2015年4月にフレンチレストランとして再生。フランスで5年間修業したシェフが、本場で学んだ技法をベースに、和の食材を織り交ぜた料理を披露する。相模湾の天然魚、近隣農家の野菜や卵など、厳選素材を惜しみなく使った料理は、季節感あふれる逸品揃い。メニューはコースのみ。

古我邸
こがてい

扇ガ谷 **MAP** 付録P.7 F-3
☎0467-22-2011
所 鎌倉市扇ガ谷1-7-23
営 11:00～15:00(LO14:00)
17:00～21:00(LO20:00)
休 火曜(祝日の場合は翌日)
交 JR鎌倉駅から徒歩5分
P なし

予約	要
予算	L 5170円～
	D 1万3310円～

喧騒を逃れた特別空間
鎌倉山の名店

観光エリアから離れた高級住宅地・鎌倉山には、昔から愛されてきた高級レストランが点在している。

**最高級の黒毛和牛を
じっくり焼き上げた逸品**

ローストビーフの店 鎌倉山本店
ローストビーフのみせ かまくらやまほんてん

鎌倉山 MAP 付録P.2 A-2

予約 要
予算 L 8624円～
　　 D 1万6016円～

旧家の別荘を改装した店内は、和洋折衷の優雅な趣。料理も贅を尽くした逸品揃いで、お祝いの席にも最適だ。看板メニューは、目の前で豪快に切り分けられるローストビーフ。塩と胡椒だけのシンプルな味付けで、濃厚な肉の風味が堪能できる。

☎0467-31-5454
所 鎌倉市鎌倉山3-11-1　営 11:30～15:00(LO14:00) 17:00～22:00(LO20:00)　休 無休　交 住吉バス停から徒歩5分／JR鎌倉駅から車で10分　P 18台

→手入れの行き届いた美しい庭

季節のおまかせランチ 1万5400円
やわらかくジューシーなローストビーフのほか、魚介のオードブルやデザートなどが並ぶ

→豪華な調度品を配した店内

**美しい庭園を眺めながら
歴史ある建物で会席料理を**

檑亭
らいてい

鎌倉山 MAP 付録P.18 C-1

約5万m²におよぶ回遊式庭園に囲まれた食事処。四季折々の風情が美しく、晴れた日は富士山や箱根連山を一望できる。江戸時代の豪農の家を移築した本館は、国の登録有形文化財に指定。1階ではそばや一品料理、2階では会席料理が楽しめる。

☎0467-32-5656
所 鎌倉市鎌倉山3-1-1　営 1階11:00～日没、2階11:00～20:30(LO18:00)　休 7月最終週の月～木曜　交 高砂バス停から徒歩1分／JR鎌倉駅から車で10分　P あり

予約 1階は可、2階は要
予算 L 1000円～
　　 D 8000円～

そば定食 2750円
コシのあるそばと天ぷら、小鉢、水菓子などが一度に味わえる

山椒会席 7865円
旬を取り入れた先付や椀盛、焼き物、煮物、そばなど9品が揃う会席コース。予約制

→本館2階には3つの座敷がある(右)、本館2階のロビー(右)和洋折衷の内装が目を引く

邸宅フレンチ 鎌倉山の名店

素敵な一日を過ごすために
すがすがしい鎌倉朝ごはん

サーファーやランナーも多い海辺の街は、朝が早い。
少し早めに到着して、朝のさわやかな空気を味わいたい。

アーモンドチアポット
マンゴーのピューレ
アーモンドミルク&チアシード
フリーズドライしたラズベリー
1210円
見た目もかわいらしいヘルシーなデザート
©Mika Suzue

食べる●鎌倉ごはん

アボカドトースト
フレッシュコリアンダーとライム添え
1452円
アボカドトーストを世界で最初にメニューオンさせたのはbillsといわれるほどのクラシックメニュー

予約 15:00以降は可
予算 Ⓑ 2000円〜
　　 Ⓛ 2000円〜
　　 Ⓓ 3000円〜

bills 七里ヶ浜
ビルズ しちりがはま

海を見ながら最高の朝食を

七里ヶ浜 MAP 付録P.18 C-3

シドニーに本店を構える「bills」の海外進出1号店。世界最新トレンドの食事を常に展開することで、お客を魅了し続け、2018年3月で日本上陸10周年を迎えた。家族の食卓をイメージした店内は開放感にあふれ、全席から海を一望できる。

☎0467-39-2244
所 鎌倉市七里ガ浜1-1-1 WEEKEND HOUSE ALLEY 2F 営 7:00〜21:00(LO20:00)月曜は〜17:00(LO16:00) 休 不定休 交 江ノ電・七里ヶ浜駅から徒歩1分 Ⓟあり

⬆テラス、室内ともに素晴らしい景色が楽しめる

Mon-Peche-Mignon
モン ペシェ ミニョン

金沢街道 MAP 付録P.10 A-3

フランス産小麦と独自製法により焼き上げたバゲットスペシャルは、皮はパリパリ香ばしく、中は小麦の味がしっかりしていて飽きのこないおいしさだ。午前のバゲットの焼き上がり時間は8:00と12:00。約80種類のパンを揃え、店内にはイートインスペースがある。

☎0467-53-7805
所 鎌倉市雪ノ下4-3-17 営 9:00(土・日曜7:00)〜17:00 休 第2・4火曜(祝日の場合は別日) 交 JR鎌倉駅から徒歩20分／岐れ道バス停から徒歩1分 Ⓟあり

予約 可(席は不可)
予算 ⒷⓁⒹ 200円〜

地元客にも人気のビゴの店

カスクルートハム
350円(税別)
バゲットスペシャルに無塩バターとロースハムを挟んだ一品

朝食屋 COBAKABA
ちょうしょくや コバカバ

若宮大路周辺 MAP 付録P.8 C-3

長年営業を続けていた小林カバン店が2006年に食堂に転身。「自然の流れを感じて、太陽とともに生きよう」をコンセプトに、有機五穀米や無添加の味噌を使った定食、自家焙煎のオリジナルブレンドコーヒーなど、体にやさしい厳選素材を使って、朝食と昼食を提供している。

☎ 0467-22-6131
所 鎌倉市小町1-13-15　営 7:00〜14:00
休 水曜　交 JR鎌倉駅から徒歩3分　P なし

予約 不可
予算 ⒷⓁ 720円〜

↑地元作家によるアートも展示されている

朝ごはんがしっかり食べられる食堂

鯖の文化干し定食
1287円
無添加・手造りにこだわる茨城県の干物屋「越田商店」のジューシーなサバを使用

➡ シンプルな朝ごはんの定番を揃えた、納豆定食836円(左)。平飼いブランド有精卵を使用した卵かけご飯836円(右)

写真：大社優子

すがすがしい鎌倉朝ごはん

café recette 鎌倉
カフェルセット かまくら

長谷 MAP 付録P.12 B-4

東京・世田谷にある、素材と製法にとことんこだわった最高級パン専門店recetteの直営店。大正時代の古民家をリノベーションした店は、当時の梁などを生かした設計で、自然光があたたかい。こだわりの家具や陶器なども要チェック。

☎ 0467-38-5700
所 鎌倉市坂ノ下22-5　営 9:30(土・日曜、祝日8:30)〜17:00 ※モーニング9:30〜10:30(土・日曜、祝日8:30〜10:00)、ランチ11:00〜14:00　休 無休　交 江ノ電・長谷駅から徒歩5分　P なし

↑美しい椅子やテーブルが古民家の雰囲気とマッチ

古民家で食べる最高級パンスイーツ

モーニングプレート
1100円
姉妹店Bread Codeの鎌倉食パン(2cm)、サラダ、スクランブルエッグ、ベーコンが付く

予約 可
予算 Ⓑ 1000円〜
　　 Ⓛ 1200円〜

質素にして贅沢。素材を大切にした鎌倉の心
精進料理を体験

禅寺が多い鎌倉で、古くから発展してきた精進料理。食材に寄り添うやさしい味に、心も体も癒やされる。

由緒ある寺院でいただく華やかな精進料理の数々
光明寺
こうみょうじ

材木座 MAP 付録P.15 D-4

静かな境内で供されるのは、精進料理の質素なイメージを覆す豪華な御膳。一品ごとに手間ひまかけて調理され、味も食感も変化に富んでいる。追加料金で眺めの良い大聖閣の個室を利用できる。

☎0467-22-0603
所 鎌倉市材木座6-17-19
営 11:30～13:30 休 不定休、12月20日～1月6日 交 光明寺バス停から徒歩1分 P あり

→椅子に座れるので、正座が苦手な人も安心

↑山門は江戸後期の造営で、鎌倉最大級の規模を誇る

↑記主庭園は江戸の作庭家・小堀遠州ゆかりの池泉式庭園

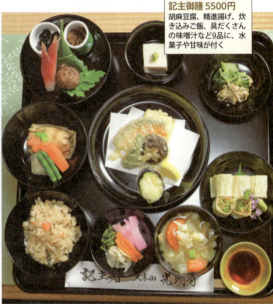

記主御膳 5500円
胡麻豆腐、精進揚げ、炊き込みご飯、具だくさんの味噌汁など9品に、水菓子や甘味が付く

予約 要(2カ月前～11日前まで、2名以上で仮予約)
予算 ⓁL4500円～

精進料理「松」 7700円
延命袱紗揚をはじめ、胡麻豆腐、野菜の炊き合わせ、焼き物など約12品が供される

知恵と趣向を凝らした季節の恵み豊かな精進料理
鉢の木 北鎌倉店
はちのき きたかまくらてん

北鎌倉 MAP 付録P.4 C-2

動物性の食材は一切不使用ながら、見た目も美しく食べ応えのある精進料理を提供。四季折々の素材を厳選し、独自の工夫で繊細な料理に仕上げる。7種類の野菜を湯葉で包んだ延命袱紗揚が名物。

☎0467-23-3723
所 鎌倉市山ノ内350 営 11:30～13:30(LO) 17:00～18:00(LO) 休 水・木曜 交 JR北鎌倉駅から徒歩5分 P あり

予約 要(完全個室)
予算 ⓁL4400円～
　　 ⒹD7700円～

→昭和39年(1964)創業の伝統ある店。テーブル席でゆっくり味わえる

OLTREVINO
オルトレヴィーノ

長谷 MAP 付録P.12 C-3

「エノガストロノミア」というイタリアの食文化を支えるスタイルのお店で、ワインを楽しむための料理や食材が揃う。食事のほか、料理のテイクアウト、食材の購入など多彩な形でワインとイタリア料理を堪能できる。

☎0467-33-4872
所 鎌倉市長谷2-5-40 営12:00〜18:00(LO) 休水・木曜 交江ノ電・長谷駅／由比ヶ浜駅から徒歩5分 Pなし

↑イートインスペース。ワインとともに食事を楽しみたい

↑ワインとの相性抜群の仔羊の赤ワイン煮2350円（イートイン限定）

↑イタリアで10年修業したオーナーソムリエ、古澤一記さん

↑大きなワインセラーには希少なワインをはじめ、常時500種類のイタリアンワインが並ぶ

色とりどりのおいしいお惣菜
テイクアウト&デリ

お天気がいい、陽気がいい日はテイクアウトして、海辺や山で食べるのもおすすめ。

HAPPY DELI Kamakura
ハッピー デリ カマクラ

カジュアルな惣菜専門店

御成町 MAP 付録P.7 F-4

イートインもテイクアウトもできる惣菜は、冷製8種、温製3種のほか、グリルやスイーツもある。すべて英語で書かれたレシピをもとに作り、外国人にも好評。サイズは、2デリ(S)490円、2デリ(M)590円、3デリ690円。

☎080-5591-0135
所 鎌倉市御成町15-7 樹々ビル2F 営10:00〜18:00 休日曜 交JR鎌倉駅から徒歩3分 Pなし

↑鎌倉にオープンして17年、地元客を中心に親しまれている

↑クリームチーズと野菜のサラダ。量り売りも可能。350円/100g

↑カボチャ、サツマイモ、ジャガイモのサラダ。300円/100g

↑タコライス風のお弁当。タコミート、ガーリック・アンチョビ・ポテトのサラダ、クリームチーズと野菜のサラダの3デリ690円

CAFE & SWEETS
カフェ＆スイーツ

ゆるやかな時間が流れる
こだわりカフェ空間へ

古都に息づく和みの空間。日だまりのテラス席や落ち着いたムードの店内で季節の息づかいを感じながら心の奥から深呼吸。

木洩れ日と緑あふれる
心地よい空間でひと休み

cafe kaeru
カフェ カエル

金沢街道 **MAP** 付録P.10 B-3

カエル好きの店主が、定年を機に自宅を改装して始めた一軒家カフェ。街の喧騒を逃れた明るい店内では、コーヒーや自家製スイーツのほか、本日の定食1500円〜やチキンカレー1300円など食事メニューも楽しめる。散策途中に、足をのばして訪れたい。

☎0467-23-1485
所 鎌倉市二階堂936 営 11:00〜17:00(LO16:30) 休 水・木曜 交 天神前バス停から徒歩3分 P あり

1. 店内のサンルーム。目の前には木花あふれる庭が広がり、四季折々の美しさを堪能できる 2. 人気は地元の季節の野菜をたっぷり使った彩り鮮やかな季節野菜のどんぶり1500円。具だくさんの味噌汁付き 3. 酸味と食感の良い紅玉を使った焼きたてアップルパイ600円。あつあつのパイとひんやりアイスのハーモニーに心もほころぶ

鎌倉の四季を望む
贅沢なブレイクタイム

狸穴Cafe
まみあなカフェ

北鎌倉 **MAP** 付録P.4 C-2

築約20年の蕎麦懐石店をリノベーションし、2014年6月にオープン。2階の大きな窓からは表情豊かな山々が見渡せ、四季折々の風が心地よく通り抜ける。自家製スイーツのほか、鎌倉野菜や鎌倉ハムを使ったピタパンサンド1200円もおすすめ。

☎0467-33-4866
所 鎌倉市山ノ内403 営 11:30〜18:00(LO17:00) ※季節により変動あり 休 不定休 交 JR北鎌倉駅から徒歩3分 P なし

1. サクサク生地がクセになる、人気のポップオーバー680円
2. 野菜の甘みと牛肉の旨みがとろけるビーフシチュー1980円
3. 1階はテーブル席が2つ。2階は天井が高く広々とした空間
4. 散策の休憩に適した立地。入口の2体の石像が目印

昭和の趣がそのまま残る
静かな路地の隠れ家カフェ

燕CAFE 鎌倉
つばめカフェ かまくら

若宮大路周辺 **MAP** 付録P.9 E-2

築80年以上の古民家を、元の内装を最大限に生かしカフェに改装。懐かしい生活感に包まれた店内で、ドリップコーヒーや手作りデザートが楽しめる。薬膳おでん1300円などの体にうれしいフードメニューも人気で、こちらは事前予約がおすすめ。

📞 0467-84-7025
所 鎌倉市小町3-2-27
営 11:00〜17:00
休 無休(臨時休あり) 交 JR鎌倉駅から徒歩15分 P なし

1. 定番デザートの杏仁豆腐800円。黒い花の椀に入った杏仁豆腐はやさしい甘さでカフェの雰囲気にもぴったり
2. スパイスコーヒー600円
3. 靴を脱いであがる、畳の上のローテーブル席。テーブル席や、縁側にはこたつ席も

店主渾身の焙煎コーヒーは
深い香りと澄んだ味わい

石かわ珈琲
いしかわこーひー

北鎌倉 **MAP** 付録P.5 E-2

明月院のさらに奥、静かな谷戸にたたずむ自家焙煎のビーンズショップ。世界各地から厳選したスペシャルティコーヒーの当年産の生豆のみを扱い、店内の工房で焙煎する。人気はブレンド3種で、全国にファンを持ち、鎌倉の喫茶店やカフェでも使われている。

📞 0467-81-3008
所 鎌倉市山ノ内明月谷197-52 営 11:00〜17:00(カフェは〜15:00、LO14:30) 休 水・木曜 交 JR北鎌倉駅から徒歩15分 P なし

1. きたかまブレンド500円、チーズケーキとパウンドケーキのハーフ&ハーフ450円
2. 店内では淹れたてコーヒーが味わえる

和モダンなインテリアが光る
海に面したリノベカフェ

cafe 坂の下
カフェ さかのした

長谷 **MAP** 付録P.12 B-4

築80年以上の古民家に海外ヴィンテージの家具を配置した、和洋入り交じる古民家カフェ。古民家カフェブームの先駆け的な存在で、TVドラマ内のカフェのモデルとしても使用された。しらすピザ1750円などランチメニューも充実。

📞 0467-25-7705
所 鎌倉市坂ノ下21-15
営 10:00〜16:00(LO) 土・日曜、祝日は〜17:00LO 休 月曜、不定休 交 江ノ電・長谷駅から徒歩4分 P なし

1. カフェは由比ヶ浜海岸のすぐ近く。おしゃれな家具配置からオーナーのセンスの良さが伺える
2. 名物はふわふわの三段パンケーキ。写真はハニーバターパンケーキ バニラアイス添え1350円
3. チーズパンケーキ目玉焼きのせ1500円。甘すぎないので食事としてもおすすめ

こだわりカフェ空間へ

131

古民家と日本庭園を愛でる開放的な空間
無心庵
むしんあん

由比ヶ浜 MAP 付録P.13 E-3

江ノ電の線路を渡り、門をくぐると迎えてくれるのは季節の美しい花々。先代が自宅で始めた甘味処を、ていねいに手入れし、今に受け継ぐ。店内の雪見障子や波打つガラス戸、囲炉裏など、日本家屋の見どころも随所に。窓の外から時折聞こえる江ノ電の走る音も心地よく、鎌倉らしさを実感する。

☎ 0467-23-0850
所 鎌倉市由比ガ浜3-2-13 営 10:00〜17:00 休 木曜(祝日の場合は営業) 交 江ノ電・和田塚駅から徒歩1分 P なし

1. 北海道産の赤えんどう豆を使用したクリームあんみつ850円。縁側でぜひ味わいたい
2. 黒ごまきな粉800円。シンプルに黒蜜を回しかけて味わう
3. 庭を眺め、甘味をいただく
4. 江ノ電・和田塚駅の線路沿いにある

食べる ● カフェ&スイーツ

落ち着いた雰囲気のなかでいただく
古都の甘味処

古都散策やお参り後のお約束といえば、素朴な甘さの和スイーツ。職人技がきらりと光る手作りの美味に心も体もほっとひと息。

やさしく心に染みわたる店主こだわりの手作り甘味
甘味処 こまめ
かんみどころ こまめ

佐助 MAP 付録P.7 D-4

高知、三重、伊豆のテングサをブレンドし、煮詰め、絞り、固めて切る。根気のいる作業を店主一人で黙々と行う。その仕込みが生きる名物のこまめ黒かん650円は、さくさくの食感が楽しく、しょうがで作るさわやかなシロップと好相性だ。シンプルなだけに、素材の良さが際立つ大人の甘味。

☎ 0467-23-8334
所 鎌倉市佐助1-13-1 営 11:00〜18:00(LO17:45、ランチ11:30〜14:00) 休 火曜、第3月曜 交 JR鎌倉駅から徒歩10分 P なし

1. 静かな時間が流れる店内。銭洗弁財天などを訪れたときに、立ち寄りたい
2. 深い甘みのある大納言小豆をゆっくり炊いて作るご利益ぜんざい770円
3. 豆腐を練り込んだアイスと白玉、手亡豆と木の実生姜みつを添えた白玉クリーム黒かん860円

創作和菓子作家が考案する 愛らしい練り切り
茶寮てまり
さりょうてまり

長谷 MAP 付録P.12 B-4

創作和菓子作家の御園井裕子さんがオーナーを務める和菓子店。看板商品の「市松手毬」をはじめ個性豊かなオリジナルの練り切りは、色彩の豊かさとかわいさから若者にも高い人気を誇る。こぢんまりとした店内では、季節の上生菓子が抹茶付き1650円でいただける。

☎ 0467-33-4525
所 鎌倉市坂ノ下28-35　営 11:00〜16:00（売り切れ次第終了）　休 月・火・木曜　交 江ノ電・長谷駅から徒歩7分　P なし

1. 季節の詰め合わせ6個入り3240円。その時期の練り切りが楽しめる
2. 茶寮は和菓子教室に併設
3. 看板商品「手毬」1個540円〜。上品な色使いと繊細な切込みが特徴
4. 中まで本物のような「りんご」

風情豊かな日本庭園で くずきりに舌鼓
くずきりみのわ

佐助 MAP 付録P.7 D-3

京都で食べ、その味わいに魅了された夫妻が考案した名物くずきり。注文を受けてから葛粉を溶き、1人前ずつていねいに作る。できたてのくずきりは独特の透明感と弾力があり、絶妙な喉ごし。裏庭に咲く季節の草花を眺めながらいただくと、自然と心がときほぐされていく。

☎ 0467-22-0341
所 鎌倉市佐助2-6-1　営 10:30〜17:00（LO16:30）休 月・火・木・金曜（祝日の場合は営業）※GW・年末年始などは変動あり、HPで要確認　交 JR鎌倉駅から徒歩12分　P あり

1. 庭園に隣接し静寂に包まれた空間が広がる
2. 緑豊かな庭で甘味を味わうことができる
3. たっぷりの氷とともに供されるくずきり950円。ほどよい甘さの黒蜜と絡めて

四季折々の季節を映す 繊細な甘味を抹茶とともに
三日月堂 花仙
みかづきどう かせん

北鎌倉 MAP 付録P.5 D-3

創業から90年余り、長い年月に洗われた和菓子店。厳選した素材でていねいに作られる甘味はどれもホッと癒やされるやさしい味。喫茶では、くずきりやあんみつ各1100円が人気。夏限定の宇治金時は行列ができるほど。

☎ 0467-22-8580
所 鎌倉市山ノ内133-11　営 9:00〜16:00（LO15:30）休 不定休　交 JR北鎌倉駅から徒歩10分　P あり

1. 鎌倉の花をモチーフにした上生菓子。抹茶とのセットで1100円
2. たっぷりの餡を挟み込んだ可麻久最中234円（1個）
3. きめ細かな生地が特徴の鎌倉どらやき234円（1個）
4. 玄関を入ると色とりどりの菓子が並ぶ
5. 和の情緒あふれる落ち着いた店内

古都の甘味処

散策途中に食べるのもおすすめ
愛しのベーカリー

風にのって運ばれてくる香ばしいパンの香り。
厳選した素材で、手間ひまかけて作る…。
そんな鎌倉の風土が紡ぐパンに顔もほころぶ。

→ 食物繊維たっぷりのふすまあんぱん160円

→ 中に太いチーズが入ったチーズパン320円(大)

→ カレンツとナッツがぎっしりの食パン600円(半斤)

→ やさしい甘みのふすまはちみつパン140円

→ しっとりとした食感のバゲット320円

→ 茶葉とホワイトチョコを練り込んだティーブラン330円

→ チーズを入れて焼き上げたフロマージュ300円

→ 一番人気のキャラメルショコラ259円

→ 自家炊きクリームを使ったソイ・クリームぱん216円

→ ワイン漬けのフィグとクルミ入り507円

香り高いパンに魅了される

KIBIYA BAKERY
キビヤ ベーカリー

御成町 MAP 付録P.8 B-4

自家製酵母と無農薬国産小麦、石臼挽き全粒粉、ライ麦粉、天塩と浄水のみで作るパン。ざっくりとした食感や独特の酸味が味わい深いパンはクセになるおいしさ。

☎0467-22-1862 ㊹鎌倉市御成町5-34 ㊶10:00〜18:00 ㊺水曜 ㊸JR鎌倉駅から徒歩5分 Ⓟなし

→ 常時20種類ほどの香り高いパンが並ぶ

地元客に愛されるパン店

La foret et la table
ラ フォレ エ ラ ターブル

由比ヶ浜 MAP 付録P.13 E-2

店内は地元のお客さんでいつも賑やか。惣菜パンや菓子パンにはチーズやドライフルーツなどの具がたっぷり。バゲットなどのハード系パンも人気があるので、早めに訪れたい。

☎0467-24-5222 ㊹鎌倉市由比ガ浜1-3-16 コンフォート由比ヶ浜1-A ㊶10:00〜16:00(売り切れ次第終了) ㊺月・火曜 ㊸江ノ電・和田塚駅から徒歩5分 Ⓟなし

→ ハード系から惣菜パンまで豊富に揃う

体にやさしいオーガニックパン

Boulangerie Lumière du b
ブーランジュリ リュミエール ドゥ ベー

由比ヶ浜 MAP 付録P.12 C-3

由比ヶ浜海岸の近くに移転。毎日、玄麦を石臼で自家製粉し、挽きたての小麦粉を使用。餡やクリームなどの具も厳選した素材で自らの手でていねいに作っている。

☎0467-81-3672 ㊹鎌倉市長谷2-7-11 1F ㊶11:00〜18:00 ㊺月・火曜 ㊸江ノ電・由比ヶ浜駅から徒歩5分 Ⓟなし

→ ちょこっとずつ並ぶさまがかわいらしい

SHOPPING
Kamakura

買う

大好きな鎌倉で店を続ける店主たちが店に並べる品々は妥協のない、こだわり抜いたものばかり。ときにマニアックすぎる品もあるけれど、そこはご愛敬。鎌倉らしさを感じるなら、マーケットもおすすめ。

鎌倉暮らしに憧れてしまうちょっといい店

近隣の農家が4つのグループに分かれ、日替わりで販売している

SNSに出品する野菜を載せている農家も。HPをチェック。

鎌倉の暮らしに憧れて訪れる

マーケットでお買い物

鎌倉らしいやさしい雰囲気に包まれた市場は、リピーターにも人気のスポット。「観光みやげ」に野菜や鮮魚はいかがですか。

鎌倉市農協連即売所
かまくらしのうきょうれんそくばいじょ

若宮大路周辺 **MAP** 付録P.8 C-4

昭和3年(1928)に発足。地元の人々に「レンバイ」の呼び名で親しまれ、農家が手塩にかけた新鮮な野菜を手ごろな価格で直接購入できると評判。近所のシェフたちも毎朝、早めに顔を出し、食材を仕入れていく。買い手の多い野菜は午前中のうちに売り切れることも。

所 鎌倉市小町1-13-10 営 8:00頃～売り切れ次第終了 休 無 交 JR鎌倉駅から徒歩5分 P なし

採れたての鎌倉野菜が揃う

旬野菜のほか、カラーピーマンや黄ズッキーニなど彩り豊かな西洋野菜やハーブも並ぶ。作り手が自慢の野菜を並べ、おしゃべりを交わしながら買い物する様子はマルシェのよう

136

鎌倉駅からすぐの若宮大路沿いにあり、アクセスも簡単

マーケットでお買い物

市場ではこちらにも立ち寄りたい

市場の販売スペースとは別にある、気になるショップ。個性豊かで、街の人気者です。

市場のケーキ屋さん
鎌倉しふぉん
かまくらしふぉん

国産小麦と厳選した素材を使用し卵のみでていねいに焼き上げるシフォンケーキの専門店。フワフワで軽やかな食感が人気。

☎0467-23-1833　🕙10:00〜17:30(売り切れ次第閉店)　休月曜

1つ292円。日替わりでチョコレート、プレーン、ロイヤルミルクティーなど約8種類

個性豊かなパンが並ぶ
PARADISE ALLEY BREAD&CO.
パラダイス アレイ ブレッドアンドカンパニー

自家培養の酵母を使ったパンはモチモチで弾力があり、味わい深い。ランチは店内で焼きたてパンと鎌倉野菜が楽しめる。

🕙9:00(変更の場合あり)〜なくなり次第終了　休不定休

イラストが描かれたリュスティックは220円(100g)、あんぱん230円

店先でちょっと一杯
秀吉
ひでよし

新鮮な鶏肉を使用し「冷めてもおいしい」と評判の焼鳥。持ち帰りのほか、店内でお酒とともに焼鳥を味わうことができる。

☎0476-24-1616　🕙11:00(店内16:00)〜21:30 ※土・日曜、祝日の店内17:00〜　休火曜、ほか不定休

ネギ間148円、もも肉148円、はつ160円。タレで煮込んだ秀吉たまご165円もおすすめ

137

海辺で出会う掘り出し物

七里ヶ浜フリーマーケット
しちりがはまフリーマーケット

七里ヶ浜 MAP 付録P.18 C-4

洋服や雑貨、ハンドメイドアクセサリーから野菜など、ジャンルを問わずあらゆるものが幅広く出店されている。天気の良い日には、海の向こうに富士山を望む浜辺のロケーションも心地よく、地元の人たちや観光客で賑わう。早めに訪れて掘り出し物に出会いたい。

☎090-6504-0067/☎070-6565-3615 所鎌倉市七里ガ浜2-1-12(七里ガ浜海岸駐車場) 曜第2・4土曜、日曜(1〜3月は日曜のみ、8月は休)7:00〜15:00※HPを要確認 交江ノ電・七里ヶ浜駅から徒歩7分 Pあり

海に近い土地柄もあり、サーフ系ブランドの洋服などが安く手に入ることも。輸入雑貨やアクセサリーなどが並ぶ雑貨店のような品揃えには、思わず足が止まってしまう

観光客のぐっと増える午後の混雑を見越して朝から早めに来る人も

買う●鎌倉みやげ

↑伊勢エビや、ホラ貝、サザエも地元で獲れたもの。氷詰めされたサバや水槽に入れられた活ヒラメなど多彩

↑漁師の威勢のいいかけ声が響く

鎌倉の朝市
かまくらのあさいち

早い者勝ちの魚と野菜

稲村ヶ崎周辺 MAP 付録P.19 F-3

鎌倉パークホテル玄関前で開催される朝市。会場には朝獲れた魚介がずらりと並ぶほか、地野菜なども販売される。営業前から長蛇の列ができるが、順序よく購入することができる。ただし、人気の魚はすぐに売り切れるので、早めに訪れたい。

☎0467-22-3403(鎌倉漁業協同組合) 所鎌倉市坂ノ下33-6 曜第1日曜10:00〜売り切れ次第終了 交江ノ電・長谷駅から徒歩10分 Pあり

日常使いができる、掘り出し物を探す
アンティークのある暮らし

カトラリーやグラス、漆器や陶器、美しい仕事が光る古道具たち。凛とした強さやぬくもりを感じる本物の魅力にふれながら自分だけの逸品探し。

開放感ある二間続きの部屋にはゆったりと古道具が並べられている

R antiques
アール アンティークス

稲村ヶ崎 **MAP** 付録P.19 E-4
築100年の古民家で出会う

昭和初期の和家具が展示される一軒家の骨董店。まるでおばあちゃんの家に来たかのような懐かしさがあり、骨董品が息を吹き返す空間でお気に入りを見つけたい。

☎0467-23-6172 ㊍鎌倉市稲村ガ崎3-7-14 ⏰12:00〜17:00 ㊡月・火曜 🚃江ノ電・稲村ヶ崎駅から徒歩5分 🅿なし

1. 昭和20〜30年頃のもの。8000円台からと手ごろな価格 2. 籐で作られた寝椅子。軋む音がまた味わい深い 3. 入口脇に鎮座している昭和40年代頃の石炭ストーブ 4. 家ですぐに使えるように手入れがされている

アンティーク・ユー

由比ヶ浜 **MAP** 付録P.13 E-2
宝物探し気分でゆっくりと

1900年代の西洋骨董を中心に、江戸時代の和骨董などを豊富に取り揃えている。日本やイギリスのランプシェードはインテリアのアクセントとして人気がある。

☎0467-22-9556 ㊍鎌倉市由比ガ浜3-1-27 ⏰11:00〜19:00 ㊡火曜 🚃江ノ電・和田塚駅から徒歩2分 🅿なし

1. 店先に並ぶ1930年代頃のボビン200円(1本) 2. インテリアや裁縫に使える端切れ300円(1袋) 3. 空間のアクセントになるオイルランプ 4. 和洋のほかに中国の明の時代の器なども

自分用にも購入したい老舗の味、海辺の味
こだわり味みやげ

昔ながらの伝統製法が人気の秘訣。
定番の鎌倉みやげには、時代を超えて親しまれる理由がある。

時代を超え愛され続ける
伝統製法で作られたハム
鎌倉ハム富岡商会 小町本店
かまくらハムとみおかしょうかいこまちほんてん
小町通り周辺 **MAP** 本書P.42

歴史あるハムの老舗。明治33年(1900)の創業から現在まで、鎌倉の地で当時の技術を受け継ぎ、伝統製法を守り続けている。ハムのほかにも、ソーセージや角煮など種類豊富に揃うので、おみやげや贈り物にもおすすめ。

☎0467-25-1864 ㊟鎌倉市小町2-2-19 相模屋ビル1F ㊠10:00～18:00 ㊡水曜 ㊋JR鎌倉駅から徒歩3分 Ｐなし

↑約50種類の商品が並ぶ店内。店舗限定の品もある

布巻きロースハム
2週間、手間ひまかけて作られるロースハムは、ほどよい塩気としっとりとした上品な味わい。5400円

鎌倉煮 和風豚角煮醤油味
やわらかく煮込んだ角煮は、常温で保存でき、小町本店で人気の一品。594円

魚本来の旨みを凝縮した
肉厚で上品な老舗のかまぼこ
鎌倉 井上蒲鉾店 本店
かまくらいのうえかまぼこてん ほんてん
由比ヶ浜 **MAP** 付録P.13 E-2

昭和6年(1931)創業。毎朝厳選して仕入れた白身魚を使い、化学調味料などを加えずに職人がていねいに作っている。どれもしっかりとした歯ごたえで、魚本来の旨みが凝縮された上品な味が人気。鎌倉周辺に約5店舗がある。

☎0467-22-1133 ㊟鎌倉市由比ガ浜1-12-7 ㊠8:30～18:30 ㊡水曜 ㊋江ノ電・和田塚駅から徒歩3分 Ｐあり

↑20種類ほどの商品。季節限定の品もある

小判揚(左)
純正ごま油の香ばしい香りと肉厚でしっかりとした歯ごたえが特徴的な小判揚。128円(1枚)

梅花はんぺん(右)
やわらかく彩り豊かな梅花はんぺん。156円(1枚)

こだわりの製法を受け継ぐ良質干物をお手ごろ価格で
山安 鎌倉店
やまやす かまくらてん

小町通り周辺 MAP 本書P.43

近海ものから遠海ものまで約170種類取り揃えられた干物は、どれも肉厚で透明感と自然なつやがある。天日塩、箱根丹沢山系名水を使用し江戸時代からの伝統的な製法で作られており、地元客、観光客ともに定評がある。鎌倉名物のしらすも充実している（漁模様による）。

☎0467-61-1137 所鎌倉市雪ノ下2-3-26 営10:00〜17:30 休無休 交JR鎌倉駅から徒歩10分 Pなし

➡広々とした店内はいつも賑わっている

➡冷凍のためそのまま持ち帰りできる

得キンメ開き干し
一番人気。桜色が美しく、身はプリプリと脂がのっておいしい。1080円（写真は一例）

極上あじ開き干し
一級品の対馬産アジの旨みが凝縮された干物（写真は一例）

試食してから選べる種類豊富な漬物がずらり
味くら 小町通り店
みくらこまちどおりてん

小町通り周辺 MAP 本書P.42

塩分や合成保存料・着色料の使用を控え、素材の味を引き出した漬物が自慢。浅漬け、古漬け、梅干しなど約50種類が並び、ほとんどが試食可能だ。「赤ワインらっきょう」など珍しい商品もある。

➡手ごろな価格もうれしい

☎0467-22-6835 所鎌倉市小町2-8-36 営9:00〜17:45 休不定休 交JR鎌倉駅から徒歩3分 Pなし

大葉大根
大根を何度も漬け替え、素材のうま味が楽しめるあっさり味の漬物。500円

ピリ辛蓮根
国産蓮根をオリジナルの方法で漬け込んだ漬物。シャキシャキの蓮根とごまが相性抜群。450円

60年以上の時を紡ぐ江戸風いなり寿司の老舗
光泉
こうせん

北鎌倉 MAP 付録P.4 C-1

昭和26年(1951)の創業からいなり寿司とのり巻きの専門店として変わらぬ味を守り続けている。鎌倉文士も贔屓にした店。甘く煮込んだ油揚げに粗塩と米酢で味付けした酢めしを詰めたいなり寿司はさっぱりとしていて飽きのこない味だ。

☎0467-22-1719 所鎌倉市山ノ内501 営10:00〜15:00（売り切れ次第閉店）休火曜 交JR北鎌倉駅から徒歩1分 Pなし

➡北鎌倉駅からすぐのところにある

➡できあがるまで、店内で待つこともできる

いなり寿司のり巻きセット
注文を受けてから作るため時間がかかる。予約が望ましい。680円

こだわり味みやげ

店主こだわりの世界へようこそ
かわいい雑貨に出会う

ゆったりとした鎌倉の雰囲気に似合う雑貨たち。手作りの温かみや素材感が味わい深く、毎日の暮らしを心地よく演出してくれる。

◆ユニークなアイデアにあふれた文具の数々。棚のすみずみまで眺めていたくなる豊富な品揃え

ちょっとレトロな雰囲気が心をくすぐる文具・雑貨店
鎌倉・文具と雑貨の店 コトリ
かまくら・ぶんぐとざっかのみせ コトリ
大町 MAP 付録P.14 C-1

思わず誰かにあげたくなるような、ユニークでかわいらしいセレクト雑貨やオリジナル雑貨を販売。実際に使用できる郵便切手や、鎌倉ならではの大仏モチーフのグッズも扱う。

☎0467-40-4913　鎌倉市大町2-1-11
11:00～18:00　月曜、ほか不定休　JR鎌倉駅から徒歩7分　Pなし

◆「ほんの気持ち」をあげたいときに使える包装袋、コレアゲール5枚入り396円

◆おくすり手帳385円。シンプルながら温かみのあるイラストが人気

◆クラフト感がかわいい、マスキングテープ コトリ550円

◆やさしい肌ざわりのウェアや作家物のアクセサリー

◆Aラインでやさしい着心地のコットンガーゼブラウス2600円

◆アンティークターコイズのドロップ型ピアス1800円

作り手の思いが込もった個性を発揮する一点もの
異文化の風 さかゑ
いぶんかのかぜ さかゑ
御成町 MAP 付録P.7 F-4

店内に並ぶのは、作家の個性と熱意が伝わる手作り雑貨。サンゴを屋久杉に埋め込んだネックレスなど、それぞれの素材を巧みに生かした作品が揃う。オリジナルのバッグや洋服なども充実。

☎0467-23-5573　鎌倉市御成町13-12-102
10:00～18:00　木曜、第2金曜　JR鎌倉駅から徒歩3分　Pなし

◆4種類のビーズが編み込まれた2連ブレスレット2000円

廃材に新たな命を吹き込み
表情豊かな作品を生み出す
HAND & SOUL
ハンド & ソウル

佐助 MAP 付録P.7 D-2

朽ちかけた流木や、波に洗われて丸くなった小石、古布の端切れ…。そんな廃物を利用した独創的な作品が並ぶ。長い歳月が育んだ自然の造形美と、手作りのぬくもりに心奪われる。

☎0467-23-0530　所鎌倉市佐助2-15-12
営11:00〜18:00　休月〜木曜　交JR鎌倉駅から徒歩15分

⬆アーティストの夫婦が営んでいるアトリエショップ

⬆銭洗弁財天にほど近い崖の下にたたずむ

⬆流木の小枝を使った手作り人形4500円

⬆1930〜50年代にアメリカで使われていた穀物袋の布で作ったポシェットネックレス2500円〜

暮らしに心地よくなじむ
普段使いのシンプルな品々
MAR
マル

由比ヶ浜 MAP 付録P.13 F-2

ウールやアルパカ、カシミヤやリネンなど素材の良さを感じる、流行にとらわれない服や長く使えるアイテムを扱うセレクトショップ。ていねいに作られた小物にも注目。

☎0467-24-6108　所鎌倉市由比ガ浜2-5-1　営11:00〜18:00　休無休　交JR鎌倉駅から徒歩6分　Pなし

⬆ピアスInfinity8580円。先端の長さがアシンメトリーになっており、揺れて顔周りを華やかに彩る

⬆ウォーブントライアングルバッグSサイズ1万7380円。厚手キャンバスを折りたたんで作ったバッグ

ハンドウォーブントップクオリティタオル5390円。モロッコの職人が手作業で作りあげたコットンタオル

⬆洗練された空間でゆったりと買い物を

⬆ボタニカルキャンドル Midnight5720円。100%天然素材にこだわり、ラベンダーやローズなどを全5種をブレンド

かわいい雑貨に出会う

子ども時代を彷彿させる
昔懐かしい日用雑貨
フニクラ

若宮大路周辺 MAP 付録P.8 C-3

路地裏の丸七商店街にあり、店内にはノスタルジックな日用品がずらり。昔、実家の台所にあったような食器や鍋、買い物かご、アクセサリーなど品揃え豊富だ。レトロな輸入雑貨も。

所鎌倉市小町1-3-4　営12:00〜18:00（変更の場合あり）　休木曜と隔週火曜　交JR鎌倉駅から徒歩2分　Pなし

⬆子どもの頃を思い出すアルマイトの弁当箱

⬆昭和の雰囲気を感じさせる花柄のガラスコップ

⬆クラシックなストールピン

⬆かわいい文具やアンティークの鍵なども並んでいる

143

伝統に育まれた美しい機能
とっておきの民芸・工芸品

熟練職人の手仕事が織りなす品々は、実用的ながら美しく、シンプルなのに表情豊か。

⇨ ヘラで付ける削り文様が特徴的な小鹿田焼八寸トビカンナ皿3850円

⇨ 温かみと力強さを感じる北窯三彩点打コーヒー碗皿4840円

ずっと使い続けたい手になじむ器を探して
もやい工藝
もやいこうげい

佐助 MAP 付録P.7 D-3

国内約30窯の陶器と全国の良質な手仕事の品を手ごろな価格で購入できる。作られた土地の伝統や自然を感じさせてくれる器は、それぞれデザインは異なるが、どれも味わい深い品ばかり。普段使いにもうってつけの作品だ。

☎0467-22-1822 所鎌倉市佐助2-1-10 営10:00〜17:00 休火曜（祝日の場合は営業） 交JR鎌倉駅から徒歩12分 Pなし

⇨ 古民家風の店内にはさまざまな商品が。眺めているだけで楽しい

⇨ 青が印象的な沖縄ガラスのグラスはシンプルで使い勝手もよい

手仕事の品が持つ「ものがたり」に耳を傾けて
暮らしのもの十和
くらしのものとわ

長谷 MAP 付録P.12 C-3

海や風情ある寺社にほど近い長谷の裏路地に位置。店主自らが国内の作り手を訪ねて出会った、「使い心地のいい、味わいある暮らしの道具」が並ぶ。陶器やガラス、真鍮、木の雑貨も揃う。

☎0467-95-3282 所鎌倉市長谷2-12-17 長谷壱番館1F 営11:00〜17:00 休月・木曜 交江ノ電・長谷駅から徒歩1分 Pなし

⇨ 素敵な出会いにあふれている店内

⇨ しっかりしたつくりで美しく、ていねいな編み目の茶こし（銅・小）3300円

⇨ 表情のある色合いとぬくもりが魅力のマグカップ4180円

⇨ こども花瓶880円は色も豊富でおみやげとしても人気の商品

鎌倉時代から続く、伝統工芸品
鎌倉彫に心を寄せる

800年以上にわたり、脈々と受け継がれてきた伝統の技。
陰影のある彫りや漆塗りが、気品ある風合いを生み出す。

鎌倉彫って、どんなもの？
桂やイチョウなどの木に彫刻を施し、漆を塗って仕上げた鎌倉の工芸品のこと。鎌倉時代に禅寺の仏具として作られ始め、茶道具、日用品へと発展してきた。国の伝統的工芸品に指定されている。

贈答やおみやげとして人気
鎌倉彫 陽堂
かまくらぼり ようどう
長谷　MAP 付録P.12 C-3

慶長11年(1606)創業の老舗で、鎌倉彫の流派三橋家の家系。あでやかで繊細な模様の周囲を彫り模様を浮かび上がらせる彫りが特徴。使い勝手の良い品が揃う。

☎0467-24-1411　所鎌倉市長谷1-11-26
営10:00～17:30　休無休(日曜、祝日休の場合あり)　交江ノ電・長谷駅から徒歩5分　Pあり

→丸盆を中心に品揃えが豊富

→万年青(おもと)の実の赤が際立つ丸盆(9寸)1万9800円

→縁を彫り込んだデザインの美しい椿皿(7寸)2万5300円

→目を引く美しさと機能性を兼ね備えた菓子器「柘榴」7万円

→小鏡「月」1万6500円。古典的でありながら、モダンなデザイン

使い込むほどに味わいが増す
博古堂
はっこどう
若宮大路周辺　MAP 本書P.43

鎌倉彫宗家、後藤流の特徴は寺社彫刻を思わせる力強い彫りと伝統を踏まえながらも大胆でモダンなデザイン。ものの質感や空気までも感じさせる洗練された技が光る。

☎0467-22-2429　所鎌倉市雪ノ下2-1-28
営9:30～18:00(11～2月は～17:30)　休無休
交JR鎌倉駅から徒歩10分　Pなし

→落ち着いた美術館のような店内

種類豊富な鎌倉彫を揃える
吾妻屋
あづまや
若宮大路周辺　MAP 本書P.43

ガラス張りの明るく広々とした店内には、箸や根付といった実用的な小物から高級品にいたるまで、約300種類もの鎌倉彫を陳列。品質にも定評があり、注文も可能だ。

☎0467-23-8770　所鎌倉市雪ノ下1-12-11　営10:00～17:00　休不定休
交JR鎌倉駅から徒歩10分　Pなし

→ちょうどよい重さで持ちやすい箸2000円けずっと使い続けたい

→伝統的なものから現代風のデザインまで、多種多様な鎌倉彫がある

→機能性があり繊細な模様が美しい桃皿(8寸)笹 1万6500円

とっておきの民芸・工芸品・鎌倉彫

ショーケースを華やかに彩るトキメキの甘味
古都の人気スイーツたち

鎌倉は、知る人ぞ知るスイーツの激戦区。長年愛される老舗のケーキから新商品まで、魅惑的な洋菓子の数々に目移りしそう。

買う●鎌倉みやげ

パトリ オランジュ
爽やかなオレンジムースとショコラクリームの絶妙なハーモニー。625円

タルト ショコラ
チョコレート好きにおすすめで、カカオ70%のなめらかなショコラ。インパクトのある正方形のタルト。575円

色彩と風味が美を放つ

↑マカロンは生地に最高品質のアーモンドを使い、個性豊かな8種類のフレーバーのガナッシュが楽しめる。270円〜

Grandir Ensemble
グランディール アンサンブル

由比ヶ浜 MAP 付録P.13 F-2

パリやウィーン、丸の内でお菓子づくりの経験を積んだ門脇氏がオーナーパティシエ。スペシャリテのマカロンをはじめ、美しさだけではなく、素材の味わいがしっかり感じられる上質なものばかり。

☎0467-38-5725 ㊟鎌倉市由比ガ浜1-1-30 ブリーゼ由比ガ浜101 ⏰10:00〜19:30(日曜、祝日は19:00) 休月曜、火曜不定休(月曜が祝日の場合は営業、翌火曜休) 交JR鎌倉駅から徒歩5分 Pなし

←アートのようなお菓子が並ぶ

レ・シューのにしかまプリン
口に入れた瞬間、さっと溶ける、創業当時からのロングセラー。320円

レ・シューのメープルプリン
メープルの味と香りがふわりと広がり、トロトロの口当たりがたまらない。400円

なめらかな口どけに感動

レ・シュー
パイ生地でシュー生地を包み、サクサクに焼き上げたシュークリーム。350円

レ・シュー西鎌倉本店
レ・シューにしかまくらほんてん

西鎌倉 MAP 本書P.2 B-3

世の中になめらかプリンを広めた店として有名。濃厚でクリーミーなプリンを求めて、遠方から訪れる客も多い。旬素材を生かしたケーキや、選りすぐりのフルーツを使ったコンフィチュールも評判。

☎0467-31-5288 ㊟鎌倉市西鎌倉1-1-10 ⏰9:00〜18:30 休水曜 交湘南モノレール・西鎌倉駅から徒歩5分 Pあり

←店内は広く、イートインも可

ザッハトルテ
スイス最高峰のチョコレートと、さわやかなアンズジャムの酸味が絶妙。540円

ドゥーブルティラミス
マスカルポーネチーズとチョコレートのティラミス。コーヒーシロップの層がアクセント。600円

↑定番ケーキのほか、果実たっぷりのタルトも人気

プティ・フール・サレ
フランスのゲランド塩を使い、ハーブやチーズ、トマトなどを素材とした塩味クッキー。1944円

パイサブレ
周囲をパイ生地で包んで焼いた、バターの風味豊かなサブレ。1944円(1箱10枚入り)

焼き菓子はギフトにも最適

古都の人気スイーツたち

↑定番から季節商品まで、15～20種類のケーキが並ぶ

ドイツ伝統のケーキに注目

パティスリーMIWA
パティスリーミワ

由比ヶ浜 **MAP** 付録P.13 E-2
鎌倉の名店で長年グランシェフを務めた三輪シェフの店。ドイツやフランスの伝統菓子をはじめ、どこか懐かしさを感じさせる生菓子が揃う。農園直送の果実を生かした期間限定のケーキも登場する。
☎0467-84-7727 所鎌倉市由比ガ浜1-10-10 営10:00～18:20 休火曜 交江ノ電・和田塚駅から徒歩3分 Pあり

↑ケーキ作り教室も開催している

レ・ザンジュ鎌倉本店
レ・ザンジュかまくらほんてん

御成町 **MAP** 付録P.7 F-4
昭和57年(1982)創業。洗練された生菓子や焼き菓子が揃い、なかでも塩味クッキーはワインとよく合う大人の味で人気。店内には喫茶スペースが備わり、庭を眺めながら紅茶やケーキが味わえる。
☎0467-23-3636 所鎌倉市御成町13-35 営10:00～18:00(喫茶は～16:30LO) 休無休 交JR鎌倉駅から徒歩3分 Pなし

↑南仏ニースの別荘をイメージ

家族や知人への手みやげにぴったりな逸品
老舗の和菓子

禅宗とともに茶の湯文化が伝わった鎌倉。茶人や地域に愛され続ける門前の味を古都散策の思い出に持ち帰りたい。

い 栗どら焼き
食べ頃のやわらかい大ぶりの栗を蜜漬けにし、まるまる1個、挟み込んだ人気商品。280円(1個)

買う●鎌倉みやげ

フワフワの絶品どら焼き

鎌倉 するがや 長谷駅前店
かまくら するがや はせえきまえてん

長谷 MAP 付録P.12 B-3

老舗和菓子店のどら焼き専門店。熟練の職人が1枚ずつ焼き上げるふんわり食感の生地と、北海道産の小豆を使ったこだわりの餡が相性抜群。

☎0467-22-8755 所鎌倉市長谷2-14-11 営11:00〜17:00 休水曜 交江ノ電・長谷駅から徒歩1分 Pなし

職人が丹念に作る老舗の味

力餅家
ちからもちや

長谷 MAP 付録P.12 B-4

元禄年間(1688〜1704)創業の和菓子店。名物はつきたての餅を餡でくるんだ力餅。福面饅頭170円(1個)も隠れた人気商品。

☎0467-22-0513 所鎌倉市坂ノ下18-18 営9:00〜18:00 休水曜、第3火曜 交江ノ電・長谷駅から徒歩5分 Pなし

繊細な味わいの上生菓子

上生御菓子処 美鈴
じょうなまおかしどころ みすず

若宮大路周辺 MAP 付録P.9 E-2

季節に合わせて作られる菓子は上品で美しく鎌倉茶人の御用達。持ち帰りのみで、季節の御菓子、上生菓子のほか、本練羊羹も人気だ。

☎0467-25-0364 所鎌倉市小町3-3-13 営9:00〜17:00 休火曜 交JR鎌倉駅から徒歩12分 Pなし

北鎌倉を代表する名店

北鎌倉 松花堂
きたかまくら しょうかどう

北鎌倉 MAP 付録P.4 B-1

江戸時代に尾張徳川家に献上されたあがり羊羹を継承する。期間限定の蒸し菓子のほか、菊もなかも評判。定番の銘菓を鎌倉みやげに。

☎0467-22-6756 所鎌倉市山ノ内1340 営9:00〜17:00 休月曜 交JR北鎌倉駅から徒歩3分 Pあり

鎌倉の風情あふれる和菓子店

和菓子 大くに
わがし おおくに

大町 MAP 付録P.14 C-1

地元の人々に愛される和菓子店。季節の上生菓子や豆大福など種類が豊富。どれもおいしそうで目移りしてしまう。

☎0467-22-1899 所鎌倉市大町2-2-10 営9:00〜18:00 休月曜 交JR鎌倉駅から徒歩10分 Pなし

ほ 豆大福
上品な甘さの餡を厚めの餅でくるんだ大福。塩の効いた豆がアクセントになっている。130円(1個)

ほ こづち最中
うるち米で作った皮の中にじっくり炊いた餡がぎっしり。栗が入った白餡と2種類。180円(1個)

ほ 麩饅頭
こし餡を生麩の生地に包んだもちもちのまんじゅう。包みの笹と青のりの香り、ふわっとした食感がやみつきになる。200円(1個)

い どら焼きソフト
ほどよい甘さのソフトクリームと餡、どら焼きの皮が絶妙。食べ歩きにぴったり！390円(1個)。冬期は取り扱いなし

い 大納言どら焼き
風味のよいつぶ餡を存分に味わえるプレーンタイプ。店頭で焼きたてが食べられることも。180円(1個)

に あがり羊羹
プルンとした弾力と、さらりとした舌ざわりが独特。餡の澄んだおいしさが口いっぱいに広がる。1404円(1本)

ろ 餅の力餅
歯ごたえと粘りのある餅入り。春先には草餅の力餅も登場する。賞味期限は当日。670円(10個)

に 栗入り小鹿
小豆の蒸しカステラ風の生地に栗が入った蒸し菓子。9月下旬から5月までの限定販売。1026円(1本)

ろ 求肥の力餅
求肥を芯にした力餅。当日食べるなら「餅の力餅」を、翌日以降、食べるならこちらを。930円(9個)

は 季節の御菓子
1月は雪中の梅、2月はをさの音、3月はわらび餅。月ごとに内容・価格が変わる四季折々の菓子

は 上生菓子
しっとりもっちりとした舌ざわりが特徴の見た目も麗しい上生菓子。前日までの予約が望ましい。1800円(1箱6個入り)

老舗の和菓子

鳩サブレーの秘密に迫る
豊島屋のものがたり

→ 創業当時の抜き型は本店2階「鳩巣」に展示されている

鳩サブレーの歴史と鎌倉の季節を表す和菓子から見えてくる、老舗豊島屋と古都鎌倉に流れる時間。

豊島屋を代表するお菓子 鳩サブレーの誕生

鎌倉の味と愛されている鳩サブレーは明治30年(1897)頃、西洋のビスケットの味に感動した初代・久保田久次郎の試行錯誤の末に誕生。外国の文化が世に浸透する前の時代、海外との交流が進んでいた横浜まで行かないと手に入らないほど珍しかったバターを使った焼き菓子が始まり。「鳩サブレー」と名付けられた新しいお菓子を、初代は語呂合わせで「鳩三郎」と愛情を込めて呼んだ。西洋の味になじみのない庶民がそのハイカラな味を受け入れるまでには時間がかかったが、「子どもたちの喜ぶお菓子を作りたい」という初代の思いは、時を超え現在に引き継がれている。

小鳩豆楽
ころんとした形でやさしい味わいの落雁。15粒入り432円〜

鳩サブレー
明治時代に誕生して以来、鎌倉みやげの定番。5枚入り648円〜

あぶらとり紙
ミラーの付いたケースは名刺入れ風。81枚入り900円

鳩兵衛服きれたー
レターセット810円。鳩の形の便箋は、服の着せ替えができる

銀の鳩
ピンクサファイアの目がポイント。巾着袋付き4000円

買う●鎌倉みやげ

季節の和菓子で感じる鎌倉の四季の移ろい

豊島屋は、焼き菓子だけでなく鎌倉の春夏秋冬を表現した上生菓子などの和菓子も多数取り揃えている。毎月6種類ずつ、その月をイメージした上生菓子が作られており、月替わりで新しいラインナップを楽しめる。和菓子の味わいとともに、鎌倉の情緒豊かな季節の移り変わりを感じたい。

春
桃の節句のお祝いに合わせて。菱餅302円

夏
お寺の境内に咲くアジサイをイメージ。八仙花(はっせんか)302円

秋
散るモミジが水面に浮かんでいるよう。惜秋(せきしゅう)302円

冬
鶴岡八幡宮のぼたん園は冬の風物詩。寒牡丹302円

※過去の製造例

段葛を見守り続けて120年
豊島屋 本店
としまやほんてん
若宮大路周辺 MAP 本書P.41

鎌倉みやげの代名詞ともいえる鳩サブレーや、本店でしか取り扱いのない鳩グッズにも注目。

☎0467-25-0810 所鎌倉市小町2-11-19 営9:00〜19:00 休水曜(不定期) 交JR鎌倉駅から徒歩5分

四季折々の和菓子を味わう
豊島屋菓寮 八十小路
としまやかりょうはとこうじ
若宮大路周辺 MAP 本書P.41

豊島屋本店の裏路地にある甘味処。季節の和菓子が味わえるほか、数量限定の蒸し寿司も人気。

☎0467-24-0810 所鎌倉市小町2-9-20 営11:00〜17:00(季節により異なる) 休水曜(祝日の場合は営業) 交JR鎌倉駅から徒歩5分 Pなし

鎌倉へのアクセス

古都を訪ねるベストな手段を知ろう

鎌倉は首都圏から近く、アクセスが簡単なのも魅力。渋滞が発生しやすいエリアなので、鉄道でのアクセスがおすすめだが、車を駐車して市内観光ができるサービスもあるので、旅のプランに合わせて選択しよう。

鉄道でのアクセス

アクセス良好、渋滞知らずな鉄道が便利

まずは観光の拠点となるJR横須賀線の鎌倉駅、北鎌倉駅を目指す。横須賀線に直通運転をしている列車がある湘南新宿ライン(新宿駅や大宮駅方面)や総武快速線(千葉駅方面)の駅からは乗り換えなしで鎌倉駅へ行くことができる。東海道線直通(小田原方面行き)の湘南新宿ラインは戸塚駅や大船駅などで横須賀線への乗り換えが必要となる。

鎌倉駅を経ずに江の島へ向かう場合は、新宿駅から小田急線で片瀬江ノ島駅に向かうのがおすすめ。観光に便利な各種特典付きのお得なフリーきっぷもあるので、事前に調べておきたい(P.153)。

● 問い合わせ先
JR東日本お問い合わせセンター
　● 列車時刻、運賃、料金、空席情報　　☎050-2016-1600
　● 忘れ物に関して　　　　　　　　　　☎050-2016-1601
小田急お客さまセンター　　　　　　　　☎044-299-8200
東急お客さまセンター　　　　　　　　　☎03-3477-0109

主要駅からのアクセス

江ノ島〜大船駅間の移動をスムーズに
湘南モノレール

大船駅と湘南江の島駅を結ぶ。早朝、深夜以外は7〜8分間隔で運行しており、待ち時間が少ないのもうれしい。鎌倉山へのアクセスに便利。また、江の島観光後、大船駅まで行き、JRを利用する際にも重宝する交通手段だ。

● 問い合わせ先
湘南モノレール 総務部総務課 ……… ☎0467-45-3181
湘南モノレール 大船駅 ……………… ☎0467-45-0135

鎌倉観光にお得なフリーきっぷ
電車やバスの乗り降りが自由になるフリーきっぷが便利。目的に合ったものを選ぼう。

バスを使っての市内観光に
●鎌倉フリー環境手形
市内の主要観光スポットへアクセス可能な5つの路線バスと江ノ電の鎌倉駅〜長谷駅間が乗り降り自由に。観光施設の入館料や拝観料の割引特典付き。
料金:600円　有効期限:1日　販売場所:鎌倉市観光案内所(JR鎌倉駅東口)、江ノ電鎌倉駅・長谷駅など

各線を合わせてお得に利用
●江の島・鎌倉フリーパス
小田急線・藤沢駅〜片瀬江ノ島駅間と江ノ電全線が乗り降り自由。出発駅〜藤沢駅間の小田急線の乗車は1往復のみ。相鉄線版や西武線版、東急田園都市線版も販売。
料金:新宿駅から1520円(出発地により異なる)
有効期限:1日　販売場所:小田急線各駅(相鉄線版や西武線版、東急田園都市線版は各線の一部を除く各駅など)

単独でお得に利用
●江ノ電1日乗車券 のりおりくん
江ノ電全線が1日乗り降り自由。観光施設などの割引特典付き。途中下車して江ノ電沿線を巡るならこちらがお得。
料金:650円　有効期限:1日　販売場所:江ノ電各駅の自動券売機やエリア内の主要ホテルなど

●湘南モノレール1日フリーきっぷ
湘南モノレール全線が1日乗り降り自由に。観光施設や飲食店での特典付き。湘南江の島駅〜大船間の往復だけでも通常料金よりお得に。
料金:610円　有効期限:1日
販売場所:湘南モノレール各駅

車でのアクセス
マイカーで鎌倉へ、市街地は渋滞に注意

東京東部や千葉方面からは首都高速の狩場JCTまたは並木ICを経由し、横浜横須賀道路に入り、朝比奈ICで下りるのが一般的。鎌倉は車への各種規制も多く、渋滞が起こりやすい。車を駐車場に置き、電車やバスで市内を巡るのが得策。

● 問い合わせ先
日本道路交通情報センター(神奈川情報) ……… ☎050-3369-6614

都心からの車でのアクセス

駐車料金とフリーきっぷの格安セットプラン
パーク&レールライドを活用する

鎌倉市内は狭い道が多く、渋滞も多いので車での移動はおすすめできない。海辺を走る国道134号沿いの駐車場に車を停め、あとは電車やバスで観光するのがよい。駐車料金と江ノ電のフリーきっぷがセットになったプラン・パーク&レールライドでスマートに旅を楽しみたい。

稲村ガ崎パーク&レールライド　1890円
料金に含まれるもの
●県営稲村ヶ崎駐車場駐車料金(6時間分)
●江ノ電全線(鎌倉〜藤沢駅間)1日フリーきっぷ2名分
駐車場の営業時間は24時間(チケットの販売は6:50〜17:00)、申込は江ノ電稲村ヶ崎駅出札窓口で行う(入庫駐車券が必要)。

他のパーク&ライド駐車場
七里ガ浜パーク&レールライド(七里ガ浜海岸駐車場)
江の島パーク&レールライド(江ノ電駐車センター)

※7・8月はすべてのパーク&レールライドが休止。
※各駐車場によって、利用時間や料金などサービスが異なる。詳細は鎌倉市や江ノ島電鉄のHPで確認を。

鎌倉市　www.city.kamakura.kanagawa.jp
江ノ島電鉄　www.enoden.co.jp

鎌倉へのアクセス

鎌倉の交通

小さい街ながら起伏が大きいので計画的に移動したい

鎌倉の街は徒歩でも移動できるが、鎌倉駅から長谷や材木座、金沢街道方面などに向かう場合は江ノ電や路線バスが便利。西鎌倉や鎌倉山方面へは大船駅などから湘南モノレールが利用できる。

江ノ電

海沿いを走り、観光地を結ぶ単線電車

鎌倉駅から、長谷駅、江ノ島駅を経由して藤沢駅までを結ぶ全長約10kmのローカル電車。約12分間隔で運行している。相模湾を一望しながら移動することができ、観光には最適な交通手段。沿線には人気の観光地が点在しているので、途中下車の旅を楽しむのもよい。江ノ電がお得に利用できる各種きっぷ(P.153)を活用して賢く巡りたい。

● 問い合わせ先
- 江ノ島電鉄 鉄道部　☎0466-24-2713
- 江ノ島電鉄 鎌倉駅　☎0467-22-2101

所要時間と運賃

23分	20分	18分	14分	10分	7分	5分	3分	2分	鎌倉
21分	18分	16分	12分	8分	5分	3分	1分	和田塚	200円
20分	17分	15分	11分	7分	4分	2分	由比ヶ浜	200円	200円
18分	15分	13分	9分	5分	2分	長谷	200円	200円	200円
16分	13分	11分	7分	3分	極楽寺	200円	200円	200円	220円
13分	10分	8分	4分	稲村ヶ崎	200円	200円	220円	220円
9分	6分	4分	七里ヶ浜	200円	200円	220円	220円	220円
5分	2分	鎌倉高校前	200円	220円	220円	260円	260円	260円
3分	腰越	200円	200円	220円	260円	260円	260円	260円
江ノ島	200円	200円	220円	260円	260円	260円	260円	260円

レンタサイクル

自分のペースで自由に市内観光を

観光スポットが集中している鎌倉市内を効率よくまわるのにおすすめなのがレンタサイクル。料金は1時間400円～、レンタル時には身分証明書の提示が必要。鎌倉駅から鎌倉宮までは自転車で約12分、建長寺までは約15分。

山本商会　MAP 本書P.41
- ☎0467-22-0723
- 所 鎌倉市小町2-2-23
- 営 9:00～18:00
- 休 木曜、第1・3水曜
- 料 1時間400円～

鎌倉駅前レンタサイクル　MAP 付録P.8 C-3
- ☎0467-24-2319
- 所 鎌倉市小町1-1
- 営 8:30～17:00
- 休 無休
- 料 1時間600円～

GROVE鎌倉　MAP 付録P.8 C-4
- ☎0467-23-6667
- 所 鎌倉市由比ガ浜2-1-13
- 営 10:00～19:00
- 休 木曜(祝日の場合は翌日)
- 料 1日2500円～

バス路線図

相模湾

路線バス

バスを上手に利用して、目的地へ快適アクセス

JR鎌倉駅からは江ノ電バス、京急バスが発着している。鎌倉市内をほぼ網羅しており観光にも便利。金沢街道方面に向かう鎌23・24系統バスは報国寺や浄妙寺などに行く際に利用したい。6・11月の観光シーズンは交通渋滞に注意が必要。

● 問い合わせ先
江ノ電バス … ☎0466-24-2714／京急バス 鎌倉営業所 … ☎0467-23-2553

鎌倉駅東口バス乗り場と主要系統

乗場	系統	行き先	便数	運行	乗場	系統	行き先	便数	運行
1	F11	藤沢駅	10～20分ごと	江ノ電	5	鎌20	鎌倉宮（大塔宮）	10～20分ごと	京急
1	K1	桔梗山	土・日曜、祝日のみ1日7便	江ノ電	5	りんどう号	金沢八景駅	1日4便	京急
2	A21	上大岡駅	1日2～5便	江ノ電	6	鎌2・鎌3	梶原・富士見台	20分～1時間ごと	京急
2	N2	大船駅	1時間1～3便	江ノ電	6	鎌4・鎌5	鎌倉山・諏訪ヶ谷	1時間2～3便 ※2	京急
2	K4	本郷台駅	土・日曜、祝日のみ1日1便	江ノ電	6	鎌6	江ノ島	1時間1便 ※3	京急
3	鎌30	逗子・葉山駅	朝晩のみ1日6便	京急	6	船7・船8	大船駅	1日2～8便 ※4	京急
3	鎌31	緑ヶ丘入口	15～30分ごと	京急	6	船9	大船駅	平日のみ1日2便	京急
4	鎌23・鎌24	金沢八景駅	10～30分ごと ※1	京急	7	鎌12	九品寺循環	15～60分ごと	京急
4	鎌36	ハイランド循環	20～60分ごと	京急	7	鎌40	逗子・葉山駅	10～30分ごと	京急

※1：鎌23系統は鎌倉霊園正門前太刀洗止まり。金沢八景駅行き（鎌24系統）は20～50分ごとの運行
※2：諏訪ヶ谷行き（鎌5系統）は平日2便のみの運行　※3：土曜、休日は午前中のみの運行　※4：船8系統は平日8便運行

鎌倉周辺鉄道路線図

INDEX

遊ぶ・歩く・観る

あ 甘縄神明神社 ・・・・・・・・・ 65
安国論寺 ・・・・・・・・・・・・・ 73
安養院 ・・・・・・・・・・・ 72(25)
稲村ヶ崎 ・・・・・・・・・・・・・ 74
英勝寺 ・・・・・・・・・・・ 58(25)
荏柄天神社 ・・・・・・・・・ 68(31)
江の島アイランドスパ ・・・・・ 79
江の島岩屋 ・・・・・・・・・・・ 81
江の島サムエル・コッキング苑 ・・・ 80
江島神社(辺津宮) ・・・・・・ 80
江ノ電 ・・・・・・・・・・・ 84(26)
江ノ電 鎌倉駅 ・・・・・・・・・ 32
江ノ電 長谷駅 ・・・・・・・・・ 32
円覚寺 ・・・・・・・ 45(92・100)
円応寺 ・・・・・・・・・ 53(100)
大平山 ・・・・・・・・・・・・・ 54
奥津城やぐら ・・・・・・・・・ 55
小田急 片瀬江ノ島駅 ・・・・・ 32
か 海蔵寺 ・・・・・・ 59(28・30・101)
貝吹地蔵 ・・・・・・・・・・・ 55
覚園寺 ・・・・・・・・・・・・・ 68
神奈川県立金沢文庫 ・・・・・ 88
鎌倉・吉兆庵美術館 ・・・・・ 103
鎌倉宮 ・・・・・・・・ 68(29・89)
鎌倉国宝館 ・・・・・・・・・・ 98
鎌倉市鏑木清方記念美術館 ・・・ 103
鎌倉市川喜多映画記念館 ・・・ 112
鎌倉能舞台 ・・・・・・・・・・ 103
鎌倉文華館 鶴岡ミュージアム
・・・・・・・・・・・・・・ 32(37)
鎌倉文学館 ・・・・・・ 107(104)
鎌倉彫教室 鎌陽洞 ・・・・・・ 96
鎌倉彫資料館 ・・・・・・・・・ 96
北鎌倉古民家ミュージアム ・・・・ 102
北鎌倉 葉祥明美術館 ・・・・・ 102
旧安保小児科医院 ・・・・・・ 105
旧華頂宮邸 ・・・・・・・・・・ 104
旧長谷子ども会館 ・・・・・・ 105
葛原岡神社 ・・・・・・・・・・ 60

源氏山公園 ・・・・・・・・・・ 61
建長寺 ・・・・・・・・・ 48(23・92)
建長寺 半僧坊 ・・・・・・・・ 54
光則寺 ・・・・・・・・・・・ 65(24)
高徳院 ・・・・・ 62(24・61・112)
光明寺 ・・・・・・・・・ 70(24・95)
極楽寺 ・・・・・・・・・・・・・ 64
五所神社 ・・・・・・・・・・・・ 16
小動神社 ・・・・・・・・・・・・ 75
御霊神社 ・・・・・・・・・・・・ 64
さ 佐助稲荷神社 ・・・・・・・・・ 59
収玄寺 ・・・・・・・・・・・・・ 31
寿福寺 ・・・・・・・・・・ 58(112)
常栄寺 ・・・・・・・・・・・・・ 72
浄光明寺 ・・・・・・・・・ 58(29)
成就院 ・・・・・・・・・・・・・ 64
勝上嶽展望台 ・・・・・・・・・ 54
浄智寺 ・・ 52(27・60・100・101・112)
浄妙寺 ・・・・・・・・・・・・・ 67
新江ノ島水族館 ・・・・・・・・ 79
瑞泉寺 ・・・・・・・・・・ 69(29)
杉本寺 ・・・・・・・・・・・・・ 69
寸松堂 ・・・・・・・・・・・・ 105
銭洗弁財天 宇賀福神社 ・・・ 56(61)
た 大巧寺 ・・・・・・・・・・・・・ 38
たからの窯 ・・・・・・・・・・ 97
稚児ヶ淵 ・・・・・・・・・・・・ 81
長壽寺 ・・・・・・・・・・・・・ 53
鶴岡八幡宮 ・・・・・・・・・・ 35
天柱峰碑 ・・・・・・・・・・・・ 60
東勝寺跡 ・・・・・・・・・・・・ 89
な 七高通り ・・・・・・・・・・・・ 74
能楽博物館 ・・・・・・・・・・ 103
は 長谷寺 ・・・ 63(27・30・95・101)
百八やぐら ・・・・・・・・・・ 54
弁天社 ・・・・・・・・・・・・・ 55
宝戒寺 ・・・・・・・・・・・ 38(92)
報国寺 ・・・・・・・・・・・ 66(92)
HOTEL AO KAMAKURA ・・・ 32
ホテルニューカマクラ ・・・・・ 105
本覚寺 ・・・・・・・・・・・・・ 72
ま 満福寺 ・・・・・・・・・・ 75(86)

源頼朝の墓 ・・・・・・・・・・ 39
明王院 ・・・・・・・・・・・・・ 55
妙法寺 ・・・・・・・・・・・・・ 73
妙本寺 ・・・・・・・・・ 71(30・95)
妙隆寺 ・・・・・・・・・・・・・ 38
明月院 ・・・・・・・・・ 52(27・29)
や 薬王寺 ・・・・・・・・・・ 59(101)
湯浅物産館 ・・・・・・・・・・ 105
由比若宮(元八幡) ・・・・・・ 87
吉屋信子記念館 ・・・・・・・ 107
ら 来迎寺 ・・・・・・・・・・・・ 101
龍口寺 ・・・・・・・・・・・・・ 75
わ 若宮大路幕府跡 ・・・・・・・ 38

食べる

あ Amalfi Kitchen ・・・・・・・・ 42
Amalfi DELLA SERA ・・・・・ 76
石窯ガーデンテラス ・・・・ 67(105)
石かわ珈琲 ・・・・・・・・・・ 131
iL-CHIANTI CAFE 江の島 ・・・ 83
イワタコーヒー店 ・・・・・・・ 111
ESSELUNGA ・・・・・・・・・ 122
江ノ島 魚見亭 ・・・・・・・・ 82
江之島亭 ・・・・・・・・・・・ 82
御菓子司 こまき ・・・・・・・ 53
オステリア ジョイア ・・・・・ 120
OLTREVINO ・・・・・・・・・ 129
か 割烹・蕎麦 波と風 ・・・・・・ 115
cafe kaeru ・・・・・・・・・・ 130
cafe 坂の下 ・・・・・・・・・ 131
CAFÉ DE FLEUR ・・・・・・・ 43
café recette 鎌倉 ・・・・・・ 127
鎌倉 秋本 ・・・・・・・・・・ 118
鎌倉 阿寓 ・・・・・・・・・・ 114
かまくら小花寿司 ・・・・・・ 116
kamakura 24sekki ・・・・・・ 61
鎌倉前 魚源 ・・・・・・・・・ 119
鎌倉 松原庵 ・・・・・・・・・ 122

甘味処 こまめ	………………	132
北鎌倉 円	………………	115
キャラウェイ	………………	43
くずきりみのわ	………………	133
航 北鎌倉	………………	123
光明寺	………………	128
古我邸	………………	124(105)
さ 茶寮てまり	………………	133
Salon de Kurumicco	………………	43
しまカフェ 江のまる	………………	83
しらす問屋 とびっちょ 江の島本店		
	………………	119
しらすや 腰越漁港前店	………………	118
すし処 きみ	………………	116
創作和料理 近藤	………………	114
た Double Doors 七里ガ浜	………………	76
TAVERNA RONDINO	………………	77
段葛 こ寿々	………………	117
中国料理 二楽荘	………………	110
朝食屋 COBAKABA	………………	127
燕CAFE 鎌倉	………………	131
手打ちそば 千花庵	………………	117
天園休憩所	………………	55
天ぷら ひろみ	………………	111
豊島屋菓寮 八十小路	………………	150
とんかつ 小満ち	………………	110
は パーラー扉	………………	111
鉢の木 北鎌倉店	………………	128
HAPPY DELI Kamakura	………………	129
PaPa Noel	………………	121
ビストロ ラ・ペクニコヴァ	………………	121
秀吉	………………	137
bills 七里ヶ浜	………………	126
ま 狸穴Cafe	………………	130
三日月堂 花仙	………………	133
ミッシェルナカジマ	………………	120
無心庵	………………	132
Mon-Peche-Mignon	………………	126
ら 檑亭	………………	125
レストラン ル・トリアノン	………………	77
Restaurant Watabe	………………	123
ローストビーフの店 鎌倉山本店	………………	125

買う		
あ R antiques	………………	139
あさひ本店	………………	80
吾妻屋	………………	145
アンティーク・ユー	………………	139
井上総本舗	………………	80
異文化の風 さかゑ	………………	142
HMT	………………	57
か 鎌倉 井上蒲鉾店 本店	………………	140
鎌倉くらん	………………	57
鎌倉五郎本店	………………	41
鎌倉市農協連即売所	………………	136
鎌倉しふぉん	………………	137
鎌倉 するがや 長谷駅前店	………………	148
鎌倉の朝市	………………	138
鎌倉八座	………………	41
鎌倉ハム富岡商会小町本店	………………	140
鎌倉・文具と雑貨の店 コトリ	………………	142
鎌倉彫 陽堂	………………	145
元祖紀の国屋本店	………………	80
北鎌倉 松花堂	………………	148
KIBIYA BAKERY	………………	134
暮らしのもの十和	………………	144
Grandir Ensemble	………………	146
香司 鬼頭天薫堂	………………	43
光泉	………………	141
さ GELATERIA SANTi	………………	57
七里ケ浜フリーマーケット	………………	138
上生御菓子処 美鈴	………………	148
鈴傳	………………	85
た 力餅家	………………	148
TUZURU	………………	57
豊島屋 本店	………………	150
は 博古堂	………………	145
パティスリーMIWA	………………	147
PARADISE ALLEY BREAD&CO.	………………	137
HAND & SOUL	………………	143
Boulangerie Lumière du b	………………	134
フニクラ	………………	143
ま MAR	………………	143

味くら 小町通り店	………………	141
mille mele 鎌倉本店	………………	42
MAISON CACAO	………………	42
もやい工藝	………………	144
や 山安 鎌倉店	………………	141
ら La foret et la table	………………	134
レ・ザンジュ鎌倉本店	………………	147
レ・シュー西鎌倉本店	………………	146
わ 和菓子 大くに	………………	148
和菓子司 扇屋	………………	85

159

STAFF

編集制作 Editors
(株)K&Bパブリッシャーズ

取材・執筆・撮影 Writers & Photographers
森合紀子　忍章子　立岡美佐子　成沢拓司
安田真樹　雪岡直樹　阿部勇司　遠藤優子

執筆協力 Writers
田中美和　伊藤麻衣子

本文・表紙デザイン Cover & Editorial Design
(株)K&Bパブリッシャーズ

表紙写真 Cover Photo
アフロ

地図制作 Maps
トラベラ・ドットネット(株)
DIG.Factory

写真協力 Photographs
関係各市町村観光課・観光協会
関係諸施設
PIXTA

総合プロデューサー Total Producer
河村季里

TAC出版担当 Producer
君塚太

TAC出版海外版権担当 Copyright Export
野崎博和

エグゼクティヴ・プロデューサー
Executive Producer
猪野樹

おとな旅 プレミアム
鎌倉　第3版

2021年6月6日　初版　第1刷発行

著　　　者	TAC出版編集部
発 行 者	多田敏男
発 行 所	TAC株式会社　出版事業部
	（TAC出版）

〒101-8383 東京都千代田区神田三崎町3-2-18
電話　03(5276)9492(営業)
FAX　03(5276)9674
https://shuppan.tac-school.co.jp

印　　　刷	株式会社　光邦
製　　　本	東京美術紙工協業組合

©TAC 2021　Printed in Japan　　ISBN 978-4-8132-9447-4
N.D.C.291　　　　　　　　落丁・乱丁本はお取り替えいたします。

本書は，「著作権法」によって，著作権等の権利が保護されている著作物です。本書の全部または一部につき，無断で転載，複写されると，著作権等の権利侵害となります。上記のような使い方をされる場合には，あらかじめ小社宛許諾を求めてください。

本書に掲載した地図の作成に当たっては，国土地理院発行の数値地図（国土基本情報）電子国土基本図（地図情報），数値地図（国土基本情報）電子国土基本図（地名情報）及び数値地図（国土基本情報20万）を調整しました。